湛庐文化 Cheers Publishing
a mindstyle business
与思想有关

亚历克西斯·奥海涅
从YC投资的创业者
到YC合伙人
Alexis Ohanian

创办公益组织的高中生

亚历克西斯出生在纽约的布鲁克林区，却是在马里兰州有“模范社区”之称的哥伦比亚郊区长大的。高中时代的亚历克西斯并不是学校的风云人物，只是一个名字女性化，还有点宅的胖男孩，不过，他那时已经展现出了商业领域的才能，他发起了一个名为FreeAsABird.org的公益组织，为那些小型的、仅有少量或几乎没有网页版的非营利机构免费创建网站。

高中毕业后，亚历克西斯只申请了一所大学——弗吉尼亚大学，并幸运地被录取了。开学第一天，他就在那里遇到了一生中最重要的合作伙伴史蒂夫·霍夫曼。他俩在校园里度过了大部分课余时间，一起玩视频游戏，一起恶作剧。亚历克西斯主修商学和历史，辅修德文。他最初的梦想是做一名移民律师，但后来发现创业生活更具吸引力，所以力劝史蒂夫，一起走上创业的道路。

YC 首批投资的幸运儿

大四的时候，亚历克西斯和史蒂夫有幸聆听了硅谷创业教父保罗·格雷厄姆的演讲，并成为首批申请入住 YC 创业营的创业者。虽然他们的创业想法并没有得到格雷厄姆的认可，不过相对于他们的想法，YC 更看重创业者本身的特质，所以他们有幸成为 YC 首批投资的创业者。从此，亚历克西斯与 YC 结下了不解之缘。

在 YC 的 3 个月里，亚历克西斯和史蒂夫打造出 reddit。这是一个由读者来决定首页内容的网站，用户推荐自己认为新鲜有趣的内容链接，再由社区来把最受欢迎的链接“顶”到前面。亚历克西斯还亲手绘制了网站的吉祥物——红眼外星人 Snoo 。

reddit 获得了极大的成功，创办不到两年就被康泰纳什集团以 2 亿美元的高价收购。现在，它已经是世界上最受欢迎的社交网站之一，月用户访问量超过 1.3 亿，公司总市值超过 5 亿美元。

2007 年 11 月，亚历克西斯开始创办自己的社会企业 Breadpig，这次，他设计了一个可爱的面包小猪作为企业的形象。Breadpig 将很多奇怪又有趣的书和商品集中在一起，销售所得利润全部捐给慈善事业。

ALEXIS
OHANIAN

YC合伙人
& 科技领域最重要的投资人

2010年8月，亚历克西斯回到YC，加入史蒂夫·霍夫曼的团队，成为hipmunk的一员，负责市场营销、公关和社区运营工作。但这时他的身份已经不只是一名创业者，还是YC东区大使。2014年6月，亚历克西斯成为了YC的合伙人。他为超过100家公司提供咨询，用自己的经历指导后来的YC创业营学员。

到目前为止，亚历克西斯已经投资了超过100家科技企业，是科技领域最重要的投资人之一。因为在科技领域的出色表现，他两次跻身《福布斯》“30位30岁以下创业者”，他还曾受邀参加TED大会，并发表关于reddit和社会媒体的演讲。

WITHOUT THEIR PERMISSION

WITHOUT THEIR PERMISSION

无须等待

YC合伙人的创业课

［美］亚历克斯西斯·奥海涅（Alexis Ohanian）◎著
李芳◎译

浙江人民出版社
ZHEJIANG PEOPLE'S PUBLISHING HOUSE

十年

——奥海涅、reddit与YC

2005年，还是大四学生的亚历克西斯·奥海涅与好友史蒂夫·霍夫曼成为YC首批投资的幸运儿，共同创建了reddit网站。reddit取得了耀眼的成绩，创立仅16个月，就被康泰纳什以2亿美元的高价收购，而奥海涅在公司走上正规后选择离开，去开创新的事业。

2014年，奥海涅荣升YC合伙人，用自己在创业过程中积累的经验，帮助更多的年轻创业者开启他们的梦想。他还在reddit的首席执行官离职后，重返这家由他一手创立的公司，担任公司的执行主席。

十年，YC从一个只投资8家初创公司的小孵化器，发展成孵化出超过600家初创公司、总融资超过20亿美元的硅谷顶级孵化器。

十年，reddit从一个不成熟的创意，成长为总市值超过5亿美元、月独立访客人数超过1.3亿的互联网首页。

十年，奥海涅从一个努力争取YC投资的青涩少年，转型为YC合伙人、科技领域最重要的投资人。

十年很短，转瞬即逝；十年很长，足够让梦想绽放。

无须再等待，你应该即刻起航！

大家好，这是会飞的面包小猪（Breadpig）。

每个我曾帮忙创建的公司都有一个我亲笔画的吉祥物。从某种程度上来说，这是我风格的一部分。具体到这本书，长着两只面包片做的翅膀的面包小猪将作为我自己脱口秀节目的可爱代言人。而且，我还有一个与它同名的社会企业。面包小猪以黑白线条的形象呈现，这样一来，本书既能成功地为互联网时代导航，又可以充当儿童画图本。一举两得！

WITHOUT
THEIR
PERMISSION

目 录

WITHOUT THEIR PERMISSION

前 言

当创新不断涌现

2011 年 8 月 20 日，世界著名的风险投资家和科技企业家马克·安德森（Marc Andreessen）在《华尔街日报》专栏发表了一篇文章，宣称“软件正在吞噬世界”。我觉得这个说法太精辟了。安德森为这一论点设定了标准：“创业公司成本持续下降加上在线服务市场不断扩张，使得全球化经济将首次全部实现数字化连接——花费了一代人的时间，始于 20 世纪 90 年代早期的每一位网络预言家的梦想终于变成现实。”全世界的软件开发者正在改变这个星球上的各行各业，就连我和史蒂夫·霍夫曼（Steve Huffman）这样 20 岁出头的年轻人也能创建公司。

我的故事有一个平淡无奇的开始。尽管我出生在纽约的布鲁克林区，然而却是在马里兰州有“模范社区”之称的哥伦比亚郊区长大的。我就读于公立高中，成绩还不错，足以考上弗吉尼亚大学。入住学校宿舍的那天，我遇到了室友史蒂夫，从那时起，事情变得有意思起来。

毕业之前，我们从一家闻所未闻的、名叫 Y Combinator（简称 YC）[①] 的投资公司那里获得了 1.2 万美元的种子基金，开始创建 reddit.com。不到一年的时间，我就开始组织与潜在收购者们的会面了，然后我们把公司卖给了康泰纳什（Condé Nast），这整个过程还没有我写毕业论文所花的时间长。毕业后 16 个月，我成了百万富翁。那之后，我成立了一家社会企业，协助创建了一个旅游搜索引擎，发起了一个非营利机构，投资了 50 多家创业公司，为上百家公司提供过咨询建议，并在世界各地发表关于科技创业精神的演讲。

然而，这并不仅仅是我自己的故事。在成功的过程中，我已然拥有许多优势和支持，但互联网的美妙之处就在于，你不需要这些有利条件也能改变世界。互联网几乎无所不在，它带来一个能使创意在全球化平台上实现的承诺。几个世纪以来，创新都被限制在那些能够获取生产工具和生产力的人群范围内。今天，你可以很容易地在网上创建一些内容或者只是发表自己的观点。事实上，如果这一切对于你来说很容易，那么对于任何一个人也都是如此。然而，除非你的内容在被人发现的同时还能被赏识，否则你还是没有成功的保证书。创新将会持续不断地出现，并帮助更新颖、更有趣的内容涌现出来；即便这些只是半成品，也比传统社会体系里的守门人要好得多。假如有什么平台还不存在，那么它们会很快就被建立起来。**冷酷无情、变幻无常又非常挑剔的互联网用户，已经创建了世界上从未有过的、最具竞争力的创意市场；你要么做出人们需要的东西来，要么就等着被淘汰。**

全球化连接不仅改变了我们做生意的方式，而且正在改变我们的价值

① 它后来发展成为硅谷顶级创业孵化器，你可以阅读《YC 创业营》一书，了解更多关于 YC 创业营的故事，该书简体中文版已由湛庐文化策划，浙江人民出版社出版。——编者注

观。作为个体，我们比以往任何时候都更有机会实现自己的想法，而所有这一切可能都不被传统社会、传统行业以及政府所信任，或者得不到任何来自他们的支持。现在，任何一个人都能改变我们的生活方式——无论他是弗吉尼亚大学的学生、奥斯汀的喜剧演员、密苏里州的农民，还是纽约布朗克斯区的一名公立学校教师。由于价值创造的环节从具有良好社会关系的 MBA 学位获得者身上转移到了创新者身上，财富创造的环节也随之转移。无论你对世界上最年轻的亿万富翁们作何感想，比如马克·扎克伯格和他的小伙伴们，其实他们的故事都只是象征着一个时代的开端。在《福布斯》富豪榜的名单上（或者未来具有同等身价人士的榜单上），商界人士将越来越少，而创新者将越来越多，远远超出前者。如果你认为这一点显而易见，那就太好了：我将成为你的萨卡加维亚[①]，引导你认识这个领域里的诸多开拓性人物。如果这听起来有点疯狂，甚至有点令人震惊，那就更好了！

将想法变成生意

> 目前的社会现状会遭到严重的破坏，这种破坏将由创新者们来推进。这些破坏出现的地方就是你可以介入之处。

在这本书中，我详细讲述了自己的创业经历。你将看到我是怎样经历这一切的，史蒂夫和我如何带着一个失败的应用走进 YC，然后却创建了 reddit.com——世界上最受欢迎的 50 个网站之一。你还会了解到一个在线旅游网站成立初期是如何在根深蒂固的传统市场主导者的阴影下惨淡经营的，曾经一个订单都没有！然而，不管好坏，我们总算是启动了，那段时

① Sacagawea-like，萨卡加维亚式的人物，意为伟大的向导。萨卡加维亚是印第安原住民，曾在 1805 年加入刘易斯与克拉克远征队，作为翻译和向导协助远征队到达太平洋彼岸，其行为在美国西拓荒史上具有伟大的意义。她的头像曾被刻在 1 美元的硬币上。——译者注

间实在是太令人沮丧!

我会和你分享创业中可能遇到的各种问题——从如何把你昨天晚上喝完酒之后冒出来的想法变成伟大的创意，到怎样完成首轮融资，再到你可能因此辞掉目前的工作，然后把那次在鸡尾酒会上的谈话转化成一门实际的生意，这样你就能明白，这些事自己也能完成。

不管你是抱着什么目的投身互联网，为了取乐、赚钱还是为全人类谋福利，抑或是为了以上任意一个目的或者全部，这本书都有所涉及。

这里有一个全球普适的信息：尽管互联网正在做许多了不起的事情，但其实它还刚刚处于婴儿时期。没人知道未来会怎样，然而我们可以确信的是，目前的社会现状会遭到严重的破坏，这种破坏将由创新者们来推进。这些破坏出现的地方就是你可以介入之处。

我这么说不仅出于我的观察者身份，还因为我也积极参与其中。我是一个连续创业者，同时也是一个投资者和顾问。可以说我是在网络环境里长大的，现在互联网又成了我的谋生之道——它的角色从我孩童时期的临时保姆变成了我的老板。这对我来说是好事，对其他人来说也是一样。

归根结底，那都是因为互联网帮助人们来帮助自己。创业精神的核心主旨已经深深地烙刻在美国的建设道路上，所以当我看到互联网自由运动在美国如此成功时并不感到吃惊。正是因为这种成功，当前的互联网平台才能把人们以空前的紧密度联结在一起，使创新成为可能，同时也赋予创新力量。这种景象在网络诞生之前是绝对不可能实现的，因为由供需双方主导的市场从未像现在这样匹配得如此高效!

你可以通过阅读本书来弄明白如何绘制自己的成功路线图，或者怎样避免被淘汰。我会分享每一个行之有效的成功经验，并附带一小部分出人意料的失败教训。最重要的是，我希望你能在放下这本书很久之后，还能随身携带这张美好蓝图，秉承其中的乐观态度。对于我们来说，维持一个公平的竞争环境很关键，这不只与本书有关，更关乎人类的进步，而后者的意义更为重大。在未来几年里，政府将会做出一些与互联网有关的重要决策，这会对我们如何从政、经商和处理人际关系产生极大的影响。

我写这本书一方面是为了激发灵感，另一方面是为了提供信息。互联网对于任何一个与之协作的人来说都蕴含着极大的潜能。一些创新者已经从这个新兴媒体中获益良多，我要大力凸显他们为此付出努力的重要性，并借此来激励其他人也亲自参与创新。对于那些出生于 20 世纪七八十年代的人们来说，生长环境令他们相信自己可以成为任何想成为的人，做任何想做的事。虽然出于种种原因，我从来都没能真正成为一名专业的橄榄球运动员；不过假如有一个人想要采取更实际的办法来实现人生目标，那么他将从互联网上得到无穷无尽的机遇。

即使在美国，巨大的数字鸿沟[①]也依然存在，发展中国家更是如此。不过我打算用这本书引起公众的注意，让他们看看，当一个群体在最基本的需求得到满足，同时又能用互联网做出非凡之举的时候，到底会发生什么事。无论是在亚美尼亚的首都埃里温（Yerevan），还是在美国纽约的布鲁克林，所有这一切都是弥补数字鸿沟的理由。通过互联网的连通性，全球范围内都充满着机遇，这与你之前所看到的任何东西都截然不同。

我才不管汤姆·弗里德曼（Tom Friedman）说什么呢。[②]

① 数字鸿沟又称为信息鸿沟，即信息富有者和信息贫困者之间的鸿沟。——编者注

② 即托马斯·弗里德曼，《纽约时报》专栏作家，三次荣获普利策奖，著有《世界是平的》（*The World Is Flat*）一书。他与奥海涅的观点不同。——译者注

一个完美的创意市场

> 一旦上了互联网，你不必成为企业巨头或者摇滚明星，也一样能对社会产生巨大影响。

互联网是一个开放体系：每个人都可以发挥自己的创造性，每一个网址——无论是以 .com 结尾的、全球最大的跨国公司网站，还是以 .gov 结尾的、世界上最有权力的政府网站，又或是 YourFirstWebsite.com，都可以被获取和打开，这就是网络的运行方式。美国前国务卿希拉里·克林顿曾说："一旦上了互联网，你不必成为企业巨头或者摇滚明星，也一样能对社会产生巨大影响。"

所有链接都是平等地被创造出来的，事实上也必须这样。未来，互联网的开放性只要减少任何一点，根植于商业、社会运动、艺术、政府、慈善或者猫咪摄影等诸多领域的创新就无法实现，这就是我们为保护这种开放性而努力奋斗的原因。一个开放的互联网意味着这样一个平台：在这里，你知道一些事情比你认识一些人要有价值得多。这个平台可以向我们承诺：伟大的创意之所以能在这里脱颖而出是因为人们喜欢它，而不必等待某些人的许可。

弗莱德·威尔逊（Fred Wilson）是我的一个好朋友，也是美国最成功、最受欢迎的科技风险投资家之一。我在这里引用他说过的一段话：

> 互联网不受任何人、任何事控制。它是一个高度全球化的分布式网络，以言论自由和个人自由为核心。这种囊括了黑客文化又不仅限于此的精神气质在许多方面都与大型公司、机构及政府背道而驰，因为后者总是在寻求对互联网的控制、管理和“教化”。

互联网文化的这些特质对于当今世界的掌权者来说是一个巨大的威胁，特别是那些懒惰的人，他们可要有所损失了。不过也正因为这样，支持互联网自由的人数才如此巨大。

有这么一群优秀的人，由于他们的国籍、种族、性别或者其他缘故，我们没有机会从他们的创意中受益，但他们所有人都令我备受鼓舞。互联网上那些阻碍才华横溢的人们前进的障碍，不可能一下全部消失，但是开放互联网会令整个竞争环境从技术层面上变得人人平等。

如果所有的链接都能被平等地创造出来，你的创意就能依靠人们的喜爱而胜出。创新的未来将被塑造，而不是被掌控。我们不能（也不应该）对其进行控制。我们的责任就是让那些具备了成功所需技能的人都可以到市场上来公平竞争，无须等待任何人的许可。我们无法承担抉择错误和扼杀互联网自由的后果，这大部分是出自对人类进步的考虑——假如没有这个平台可以让我和别人分享并发展自己的创意，我不知道自己还能做些什么。

被摧毁的传统市场

> 在互联网上，任何一个创意，只要它本身足够出色，就能蓬勃发展。

互联网是一个民主化的网络，所有链接在这里的地位都是平等的。假如非要对这些网络进行阶层划分，它们就会崩溃。它们会开始寻求众多守门人，变得官僚主义，而这些都会扼杀现实世界中的伟大创意和优秀创新者。因此我们才如此坚定地要让互联网保持它的本来面目，即开放性。这样一来，任何一个创意，只要它本身足够出色，就能蓬勃发展。

这是一个新的领域。在社交媒体领域发生的革命将数十亿人紧密联系在一起之前，创意虽然也可以通过互联网传播到世界各地，但用户数量却不可与今天同日而语，也缺少必需的应用来加速新事物的发现和分享。多亏了像 Facebook、Twitter、Tumblr、Pinterest 和 reddit 这样的新兴网站，现在我们才能看到社交网站大行其道，几乎影响着任何一个行业里的任何一件事情。假如它们现在还没有对你所处的行业造成明显的影响，那么很快也会影响到的。

几年前，大多数人还在嘲笑罗德岛设计学院两个窝在公寓里、手拿笔记本电脑的毕业生的想法：拥有比希尔顿还要多的可供出租的房间——这里说的可不是某位继承人，甚至也不是最大的那家希尔顿酒店，而是整个希尔顿集团。后来这个想法真真切切地变成了现实。Airbnb.com① 的两位创始人找出了一种既聪明又简单的办法，把房东和租客联系起来。房东既可以出租一间卧室，也可以出租一整套房子，而租客可能是在度假，也可能是在出差——整个流程都在网络上完成。最近，这个公司的估值达到了数十亿，而且具有极高的可盈利性。我曾有幸看到 Airbnb 的创始人在 YC 创业公司展示日（Demo Day）上讲述他们的创意，或许以后有机会的话我还能投资他们。Airbnb 就是一个完美的例子，足以从技术层面上证明，这样一家公司可以在社交媒体出现之前存在。与之类似的还有网站 CouchSurfing.org，甚至分类网站 craigslist 也在某种程度上为人们提供了长时间的便利，但是只有在社交媒体已经创造出数量足够多的用户人群，而这些人又乐意把线上人际关系转变成真实世界里的交易的时候，Airbnb 才能真正发展壮大。

① 这个网站名字是“air bed-and-breakfast”的缩写，意为空中床铺和空中早餐。来看看他们的成就吧！

如果在5年前，我觉得你应该找不到那么多担心创业公司会对自己造成威胁的跨国酒店，毕竟它们拥有那么多富丽堂皇又坚固的建筑呢！要想在几年之内建造起一个酒店帝国需要花费巨资；但Airbnb的确建造了这么一个帝国，只不过是在网上，没有动用一砖一瓦。结果就是，一个版图辽阔的酒店帝国时时刻刻都能出现在我们自己家里。Airbnb只是证明开放式互联网分配能力的一个例子，就在我们说这句话的时候，还有无数的例子正在发生。没有人可以预见传统行业是如何被互联网摧毁的——问题在于摧毁会在什么时候发生，而不是会不会发生。这都是由创新的特性所决定的。我们正在创造从前没有存在过的全新事物。在这个行业里，种种有关“事情应该怎样做”的既定偏见和惯性力量都不存在，你会因此而具备比当今社会掌权者们更多的优势。他们中有些人无法迅速调整自己的状态以适应互联网时代，即便是在已经意识到不得不改变的时候也不行。这就是配置了超光速引擎的在线自由市场，传统行业的残骸被毁坏得七零八落，散布在12个秒差距[①]那么广阔的范围里。

互联网世界是平的

> **现在，年轻人可以支配的信息平台比之前所有曾经出现过的平台都要强大得多，全世界都已经亲眼见证了它的力量。**

现在你已经确信“互连网”[②]不只是一时流行的了吧。太好了！但别急，还有一个问题：这样的未来不是有保证的。

---

① 秒差距是天文学上的距离单位，而不是时间单位。要怪就怪乔治·卢卡斯（George Lucas）吧。1秒差距和超时空引擎都是在乔治·卢卡斯导演的电影《星球大战》系列里出现的名词。1秒差距等于3.261 564光年。——译者注

② 原文为interwebs，是对互联网internet的戏称，暗示某些读者可能不太了解互联网。——译者注

事实上，假如历史的发展会提前有所暗示，那么一定会有人冲过去把一切都搞砸的。每次当美国信息产业发生一个重大飞跃时，开放性和创新都会首先涌现出来蓬勃发展，不过最终它们要么归于沉寂，要么就被统一合并。事情一直是这样。《总开关》（*The Master Switch*）一书的作者吴修铭（Tim Wu）描述了正在围绕互联网酝酿的“战争”，这与之前很长时间内由电话、无线电和电影引起的多次冲突类似。总体来说，这本书虽然有点令人沮丧，但还是很重要，正好跟我的书完美互补，如果你两本一起读的话，那感觉应该跟喝一杯马尔贝克（Malbec）葡萄酒差不多。

与之前相比，这次“战争”发生时我们已经拥有一些可以辅助的东西了，不过这种感觉其实并不仅仅来源于我的年轻乐观。我们这些年轻人目前可以支配的这个信息平台，比之前所有曾出现过的平台都要强大得多。2012年1月18日，美国就亲眼见证了它的力量，从某种程度上来说，全世界也都共同见证了。那一天，互联网世界发起罢工运动——数以千计的网站陷入了“黑暗”[①]，数百万美国人做了一件任何专家都没有预料到的事：他们对抗顽固保守势力的斗争获得了空前的胜利。

多年以来，无论是与《财富》全球500强上榜者还是与大学生交谈，无论是讨论非营利组织的未来还是讨论创业精神，我发现自己总会回到相同的主题上来。关于互联网的力量，我永远有说不完的话题，于是我明白自己应该把这些信息写下来传播给更多的人，而不只是告诉某一个房间的听众。那么，为什么要写成书呢？因为并不是所有人都能在网络上保持足够的注意力去读完所有的内容。此外，书籍还散发着一种芳香的气息。这本书以我自己的故事作为开头，如果没有HTML语言，这一切也不会发生。

① 网页都变成了黑色。——译者注

WITHOUT THEIR PERMISSION

01

你愿意颠覆，也愿意被颠覆

|一个创业的时代|

是的，我要给我爸爸本赛季的球票座位升级。啊，前排的，50码线那里——请给我最好的座位。

——这是reddit卖出去大约三分钟后我说的话

万圣节一直是我最喜欢的节日之一，不过2006年10月31日那天更甚于以往。那天，史蒂夫·霍夫曼和我为创办reddit而付出的所有艰苦努力都得到了实实在在的回报。[①]当然，公司首位员工、我们的好朋友克里斯托弗·斯洛博士（Dr. Christopher Slowe）也付出了很多。在收购的钱到达我的账户后，我做的第一件事就是打给华盛顿红皮橄榄球队（Washington Redskin）的售票处给爸爸的球票升级，把原来又高又远的座位换到了更好的位置。接着，我向妈妈喜欢的慈善机构捐赠了一笔数额可观的款项，之后才回去应对汹涌而来的新闻媒体。那一整天我好像都有点晕乎乎的不在

① 美国传媒巨头康泰纳什集团以2亿美元的价格收购reddit，距离reddit的创立只有16个月。——译者注

状态，不过当天所有事一结束，我就开始估量在短短16个月的时间里，我们做了一些什么事了。

当史蒂夫和我彼此对视时，我们没有感到喜悦，只是都松了一口气。我们艰难地完成了一些在统计学上看来不太可能发生的事情，还是勉勉强强完成的——我也知道这一点。但经历了整个过程之后……哇，一切都不同了。我俩怀着愉悦的心情在Mike's分吃了一个披萨——自从搬到马萨诸塞州的萨默维尔（Somerville）后，我们就一直在这家店里叫披萨吃。只有在那里，我们才能在一整天的采访结束之后真正喘口气。

对于我父母来说，那一天是他们唯一的、还未满24岁的儿子成为百万富翁的日子。他们只希望我开心就好。在我10岁生日时，他们买了一台电脑，不过他俩谁都没有真正搞明白过这台机器到底是怎么回事，而是让我随便用，只要不弄坏就行。

实际上，有几次我差点就把电脑弄坏了，随后又紧张地鼓捣好了。一旦接通互联网，那台电脑就成了我通往另一个世界的大门。我不停地在跟只有33.6Kbps的网速进行艰苦卓绝的斗争，当终于听到“猫”发出古老而过时的噪声时，那感觉对于一个少年来说简直像魔法那样神奇。

我在GeoCities[①]上创办了我的第一个网页，地址应该是/siliconvalley/hills/4924。那是一个关于游戏《雷神之锤II》（*Quake II*）的趣味网页。除了几张火箭发射和一些伴有骷髅状火焰动画效果的电磁炮照片之外，网页上几乎没什么内容。我确实很喜欢《雷神之锤II》，但那没用，只有位于网页页脚的一个计数器才能告诉我到底有多少人也喜欢这个页面。不过我后来才知道，大多数的“访问量”都是我在重新加载页面时产生的。

① 雅虎地球村服务，是一个网页寄存器。——译者注

不过当时我的感觉是：好厉害！即便身处郊区的卧室一隅，我也能做出点什么东西了，而且全世界几百万——好吧，其实是几百个人都会知道我有多喜欢这个视频游戏。这就是我对做网站产生兴趣的原因，并且从此一发而不可收。

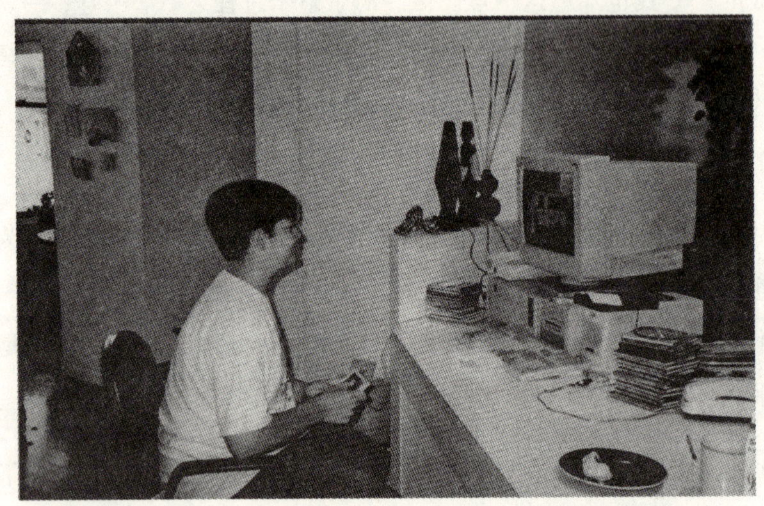

这实际上是我表哥 BJ 的电脑，如果你能想到我当时多么开心，你就能猜到当我拥有一台属于自己的电脑时有多么激动了！

我在一家名为 Sidea 的公司里找到了第一份家务劳动之外的工作——我怀疑我爸爸想要孩子的真正原因就是，他需要有人帮忙把院子里的所有活都干了，报酬最好还在法定最低工资标准之下。那之后，我又在高中和大学期间做过很多份零工，比如在必胜客做厨师和服务生（我在那里得到了最棒的服务工作经验），在熟食店做点餐员（这份工作糟糕透了，我讨厌自己总是闻起来像一盘冷切肠，不过我的狗非常喜欢），在联邦快递做仓库工作人员（很不错的锻炼，只不过全是体力活，对智力毫无启发），还做过停车场收费员等（靠人工读数赚钱吗？拜托，当然了！在机器人取代人工之前，一直都是这样的啊）。

然而，在 Sidea 的工作才是我所有打工经历中最有意义的。尽管受当时的互联网泡沫影响，该公司在一年之后破产了，然而这段经历仍然对我起到了很重要的作用。

我的工作很简单，就是在整个 CompUSA 商场的中间摆一个摊位，再配上一个麦克风和一台巨大的电脑显示器。不管有没有人听，我每隔 30 分钟就演示一次公司的软件和硬件产品。谁想在 14 岁时就拥有一次公开演讲的机会吗？告诉他去 CompUSA 随便演示个什么电脑产品吧，满满一商场人都不会注意到。

我不会告诉你我做了多少次没人看的演示，但每一次演示我都做的好像老板正在旁边监视一样认真。在两次演示的间隔，我就上网浏览《雷神之锤 II》的最新消息，借此打发时间。搞笑的是，这份工作付我的报酬居然有每小时 10 美元之多。现在，我终于明白 Sidea 为什么会破产了。

我就是以这样一种方式开始自己的演讲之路的，不令人难以置信才怪呢。你如果在青春期结束前经历过这种演讲者所能遇到的最尴尬场景——向一屋子既对你视而不见又讨厌你的人讲话，那么成年之后再遇到这种情况可能就觉得算不了什么了。

有一天，一个人向我走过来，他想挑一个鼠标，二选一。我不记得细节了，除了颜色或许还有另外一个特征之外，两种鼠标几乎没什么差别。我向他推荐了其中一个，又说了一句俏皮话来介绍另一个不同颜色鼠标的额外“功能”。他笑了，并表示要给我提供一个工作机会。他把自己的名片递给我，说想雇我做销售员。那张名片在我钱包里存了好多年，直到后来变得破破烂烂的。还好，我事先把它扫描了出来。

我并不想跟这个人说我只有 14 岁。当我告诉父母这个工作机会时，他们认为我还是等高中毕业后再说。我从来没有给史丹利食品公司（Stanley Foods，Inc）的销售总监史蒂夫·哈珀（Steve Harper）打电话，而且我有预感这样做是对的。我的身高在当时的年纪算很高的了，再加上那时 236 斤的体重，一切都让我看起来比实际年龄要大。另外，这个重量也让我感觉比别人更糟糕。

我是班里最高的男生，又有一个通常是女孩子才会用的名字，这或许还不足以使我在学校特别显眼，不过如果再位列“超级大胖子”的队伍，那我可就真的名声在外了。事情很容易朝另外一个方向发展，我可能因此而变得自卑、沮丧，不过那时我太过专注于视频游戏和电脑了，根本没意识到自己有多逊。

通常在因体重而受欺负之前，我就已经通过自嘲把危机化解了。女孩子们要更难搞定一些。我差点因为一个叫埃琳的女生而没有通过化学考试。她说我太胖了，根本没办法一起跳舞（虽然她只告诉了我最好的朋友，但这样一来整个八年级都知道了）。

就像很多不受欢迎也不会被瞧不起的同龄人一样，我们发展出了自己的个性，也得以追求自己的兴趣爱好，因为“变可爱”并非人生的唯一选项。

我们在电脑上忙得不亦乐乎，花大量时间在一起玩视频游戏。我发起了一个名为 FreeAsABird.org 的公益组织，为那些小型的、仅有少量或几乎没有网页版的非营利机构免费创建网站。我用冷静的口吻给客户们写邮件，据我所知，他们都不知道我才十几岁。我以 4.0 的成绩结束了高中一年级的学业。接下来的日子里，学校的功课我能少做就少做，不过成绩仍能保持在前列，这样我就能把时间最大限度地用于玩游戏和举办游戏竞技赛了。

谢天谢地！我因此而经历了一个长期的自我提升过程。学校的作业都没什么用，相比之下，我业余时间做的那些事既能真正对别人产生影响，又给了我锻炼自己领导力的机会（尽管是在网上），还培养了我迟早会派上用场的社区管理技巧（见第 2 章）。

当然，所有在电脑前花去的时间反过来也开始损害我的健康，因为我的新陈代谢速度并不像身体长得那么快。我对快餐食品的大快朵颐除了催生“LAN 派对”之外恐怕再没别的好处了（在这种派对上，很多人都带着自己的电脑去别人家里，直接连上局域网开始打游戏）。说真的，在上大学之前，我没有参加过任何一个名称里不含“LAN”的派对。

这种吃法是不健康的。在高中三年级的时候，我厌倦了自己总是这么胖，并决定做些改变来保持良好的体型，这样我到大学的时候就能踢橄榄球了。

在有规律的锻炼和杜绝碳酸饮料以及垃圾食品的帮助下，我减掉了 54 斤。我的儿科医生看到这个数字的时候根本不相信。直到今天，我还是不敢相信在我减肥前后人们对我的态度居然差别那么大。在处于成长发育期的漫长岁月里，我一直是“梨形身材胖小子”，之后跻身于“看着还不错”的人群之中，这个转变就好像是找到了人生的作弊码。

某天晚上，我在一家影院偶然遇到了埃琳，就是八年级时嘲笑我的那个女孩——她几乎认不出我了。这感觉太爽了！我回到座位上，像在跳吉格舞似的、激动地晃动着手臂，上气不接下气地告诉朋友们刚才发生的事情。

同窗好朋友，创始合伙人

> 成功创业公司的创始人往往都是老朋友，遇到可以共同创业的朋友是一件最幸运的事情。

我只申请了一所大学，就是弗吉尼亚大学。当时并没有考虑太多，不过后来还是禁不住好奇，假如我没有做那个看起来似乎并不重要的决定，未来将会踏上一条多么迥异的人生之路啊！除了当地的社区学院之外，我并没有其他应急计划，这令父母深感不安。我的大学申请是一个只读光盘，里面有我的“数字文件”。我就是带着这些文件去申请大学的。

我被弗吉尼亚大学录取了，父母大大地松了一口气。不过这并不重要，重要的是我在填住宿问卷的时候选了老式寝室，这个决定影响了我的大学生涯，也使 reddit 的诞生成为可能。当时我并不知道这个选择意味着什么；只不过老式寝室是套间，听起来比新式寝室要酷一些——我希望自己住的地方跟之前在电影里看到过的大学寝室一样。

我搬进去的那天，发现 有个金发男生拿着 PlayStation 2 玩着 GT 赛车游戏（Gran Turismo）从我寝室的房门里走过来。他就是史蒂夫·霍夫曼。我心中狂喜，因为我之前很担心大学里没有人玩视频游戏——这些游戏就像我已经逝去的童年，对我有着特殊的意义。史蒂夫看到我却不怎么兴奋，因为他从门上看到我的名字时还以为自己住进了男女混居的寝室呢。于是事情就成了这样：我因为他玩视频游戏而激动，他却因为我不是女生而郁闷。好在他很快就接受了现实，后来我们成了最好的朋友。选择老式寝室并与史蒂夫成为室友，是我遇到过的最巧合也是最棒的事。

抢占先机的颠覆者

> 当颠覆发生时，我们必须抢占先机，或者更进一步，我们应该成为颠覆者之一。

我爸爸曾经从事旅游代理服务这一行长达30年。我清楚地记得，当互联网开始冲击旅游行业时，我们全家在餐桌上进行的谈话。作为一个对电脑和科技特别感兴趣的高中生，我被有关“互联网泡沫”的各种各样的说法深深地迷住了。

然而，另一方面，爸爸又眼睁睁地看着自己从航空公司拿到的佣金一路降到零。旅游中介过去通过订票业务赚取的利润颇多，现在这项业务则全部转移给在线旅游代理商（OTA）了。有了网络这项颠覆性的技术，人们就可以抛开像我爸爸这样的中介人员自己订机票和酒店了。

就在互联网泡沫发生的几年前，爸爸决定从一家大旅游代理公司辞职，自己开办一家旅游代理公司。首次创业，他就面临着这个行业商业模式的极大变化，并且一发不可收拾。

有一天晚上，爸爸特别沮丧地从办公室回来。他刚刚从一家主要的航空公司那里得到消息，对方也要取消所有旅游代理商的佣金了。被这些航空公司折磨了几年之后，爸爸给他们发了一张传真，表达自己对这个深受互联网冲击的行业的感受：

> 去你妈的。

他不记得自己有没有给那张传真加个封面以便遮住这几个字了，不过我宁愿相信他加了。

与其他行业的从业者不同，爸爸不能给自己住在白宫前街的政府说客打电话，请他们设立一个法案来确保每个旅游代理商都能得到佣金，而是必须适应自己这一行的商业模式变化。他也的确这样做了。直到今天，他仍继续专注于业务本身，并与首次出去旅游的人保持密切合作（这些人一般是婴儿潮时期出生的，又是第一次旅游）。这不是我将来会接手的工作，尤其是有了 hipmunk 之后，却是爸爸和他的员工们将来若干年里都要持续经营的事业。我希望他们还能维持很多年。

在餐桌上进行的那些谈话仍然给我留下了深刻的印象。互联网是一个强有力的工具，我想要知道怎么运用它。市场是残酷无情的，但也必须如此。大部分市场的形成都取决于我们自己。

我们必须抢占先机——当颠覆发生时，我们需要辨识出这些新的商业模式并适应它，就像我爸爸做的那样。或者更进一步，我们应该成为颠覆者之一。

不想一败涂地，就要一鸣惊人

> 一个创意要想真正变成主流，就得比它的早期接纳者走得更远，同时还要把那些想跟风的人也纳入进来。

在弗吉尼亚大学的时候，有一次，我的商法学老师惠勒教授（Professor Wheeler）对我的表现进行了评价，原因是每当他在课堂上需要配合的时候，我总是自愿站出来在全班同学面前做演示。他阐明了站出来表现自己这种行为的重要性，这样做可以凸显自己的努力。但我只是觉得，在一教室宿醉未醒的大学生面前做演示这事挺好玩的，并不是想以此来获得高分。我想，自己既然长着两条腿，干嘛不用呢？

我从未想过自己能在 TED 大会上发表演讲，更别说这件事是发生在我 26 岁的时候了，而更出乎我意料的是自己会去印度的迈索尔（Mysore）。2009 年 10 月，我就是在那儿出席了 TEDIndia 大会。

在大会召开前约一个月的时候，我收到了来自 TED 大会负责人克里斯·安德森（Chris Anderson）的群发邮件，内容俏皮而抓人眼球：

> 人们常说，TED 的参与者都跟那些站在讲台上的人同样优秀。事实真的是这样。这就是为什么每次大会我们都邀请你们，看看你们是否能为这项活动出谋划策并尽可能地通过 TED.com 网站拓展这个社区的原因了。

我同意了。用一种形象的说法就是，我在笔记本电脑上“举起了虚拟的手”，并提交了一段三分钟左右的演讲构思给 TED。这些都是为了避免 18 分钟的 TED 演讲过于即兴和情绪化所采取的措施。我觉得我最好是开门见山。我是这样写的：

> “喷喷先生”（Mister Splashy Pants）的故事：一堂给公益组织的互联网课程。主要内容是绿色和平组织如何放下身段，协助创造一个互联网文化事件，并最终促使日本取消了当年的座头鲸捕猎计划。对于“新媒体营销”这个主题来说，很多人都可以写本书了，而我借这头鲸的故事，只需要三分钟，就能讲明白其中的“奥秘”。

为什么网友们一定要给它取个这么搞笑的名字呢？难道就是因为它能喷它的朋友一身水吗？①

我想他们一定是被我的话给震惊了，因为一个月我都没收到回复。难道这就是他们拒绝我的方式吗？但在那个节骨眼上，我人已经到印度了，

---

① Mister Splashy Pants 直译出来就是“喷水裤子先生”，把鲸鱼喷水形象地比喻为男人撒尿，确实搞笑。——译者注

所以就又发了一封简短的邮件询问我的构思是否被采纳。

祝贺！你的演讲构思确定被采纳了。

嘿，我只有 24 小时的时间来准备大会的演讲了，别人可都有几个月的时间来准备呢……

最好看会儿《南方公园》(*South Park*)[①]。

多亏有 VPN，我在印度南部也能看《南方公园》。我看的那集名叫《鲸鱼婊》(*Whale Whores*，第 13 季，第 11 集)，是在挖苦动物星球频道纪录片风格的真人秀《护鲸之战》(*Whale Wars*，真是一语双关呀！)。这个节目的主角是海洋守护者协会（Sea Shepherd Coservation），一个通过不断侵扰日本捕鲸者的方式来达到保护鲸鱼这一目的的机构。

在这一集里，主人公斯坦（Stan）生日那天，一大群日本人冲入丹佛水族馆，并把里面所有的海豚屠杀殆尽（我是真的开始写《南方公园》的故事了吗？爱死这个国家了）。于是，被激怒的斯坦恳求朋友和他一起保护海豚和鲸鱼，日本人似乎是想让这两种动物灭绝。

起初，朋友们并不感兴趣，直到斯坦上了《护鲸之战》的真人秀节目之后，他们的态度才发生了转变。当发现通过参加节目上电视可以变得更出名之后，卡特曼（Cartman）和肯尼（Kenny）也扮成护鲸的积极分子自愿去参加了，尽管不久前他们还表示“才不愿意理会鲸鱼的破事儿呢”。

我给卡特曼截了个屏，他穿着印有“SAVE THE WHALES”字样的 T 恤衫，声明自己是鲸鱼爱护者；肯尼在他旁边，胸前的衣服上却写着“海豚

① 美国一个搞笑卡通片，经常通过歪曲式的摹仿来讽刺和嘲弄美国文化和社会的各个方面，以黑色幽默著称。——译者注

爱护者”。

那张图片让我想起reddit上发生的一个大事件——为绿色和平组织追踪的一头座头鲸投票取名。这个事件的热度现在已经被其他事件超越了，比如给DonorsChoose.org捐了50万美元的“金钱炸弹”（money bomb）事件，再比如为需要移植骨髓的三岁男孩卢卡斯·冈萨雷斯（Lucas Gonzalez）发起的筹资。但“喷喷先生”对于reddit的发展来说具有特殊意义，后来也被证明是一个对社交媒体的力量有预示性的故事：**一个创意要想真正变成主流，就得比它的早期接纳者走得更远，同时还要把那些想跟风的人也纳入进来。**在这个案例中，早期接纳者指的就是像斯坦这样的鲸鱼爱护者们。

很多人指责PPT不好用，虽然通常情况不是这样，但是在会用的人手里，这个备受非议的交流工具确实会产生令人意想不到的娱乐效果，甚至可以达到丰富信息的目的。问题是，大多数人并不明白如何好好利用它，这实际上拉低了PPT演示的门槛。我的使用原则是这样的：尽量用大图大字，且幻灯片页数要多。至于我的TED演讲，每张幻灯上只有很少的字——字号最小也有86磅。一共有42张幻灯片——好兆头[①]，不过这意味着我每展示一张幻灯片的时间只有短短4秒多一点。

一张巨大的TED标识牌放置在舞台上。我可能在这里一鸣惊人，也可能一败涂地，就此结束演讲生涯。我会跟杰出的统计学家汉斯·罗斯林（Hans Rosling）站在同一个演讲台上，他将使用漂亮的数据来强有力地论证印度是如何获得超强经济大国地位的——相反，我要讲的是一头名为“喷喷先生”的座头鲸的故事。

① 真是书呆子！当然啦，42这个数字是人生的真谛。不懂？去读一下《银河系漫游指南》（*The Hitchhikers' Guide to the Galaxy*）吧，不谢。

天亮之前我写好了讲稿，然后十分高效地小睡了一会儿，醒来后对着计时器一通狂练，错过了上午所有的演讲。我被克里斯·安德森给吓到了，他可是以直接打断超时演讲者而著称的。作为一个习惯性的超时演讲者，我可不想被一根大甘蔗打着赶下舞台。[①]后来我得知，TED 并不会真的使用大甘蔗。

我不记得在我之前的演讲者是谁了，因为我一直拼命在回想接下来要说的话：

为啥手在抖？

克里斯·安德森做介绍时把我的名字叫成亚历克斯（Alex）了。虽然讨厌被这么称呼，但我还是微笑着走上去，努力不让自己绊倒在半路上。既然从小到大都叫这么一个男女都适用的名字（好吧，这在美国明显更像个女孩的名字），听到有人这样叫它的男用简化版本，我还是不可思议地感到心烦意乱。哥是个叫亚历克西斯（Alexis）的纯爷们儿，请叫哥的全名！现在我开始想到亚历克西斯·阿奎洛（Alexis Arguello），三次世界拳击冠军，爸爸就是用他的名字给我命名的。不知道在尼加拉瓜（Nicaragua）长大的他，是否也有跟我类似的烦恼——糟糕，马上就该我上场了。

切记，不可能有比在熙熙攘攘的 CompUSA 商场被当作空气还糟糕的情况了。在这种想法的鼓励下，我开始演讲。大胆上吧，奥海涅先生。

> 有很多“web 2.0 顾问”（我用手指在空中做了一个引号手势）都赚了大钱——事实上，他们以此谋生。接下来的三分钟里，我要试着帮助大家用尽量少的时间和金钱通晓其中的奥秘。所以，请大家保持耐心。

① 印度是世界三大甘蔗产地之一。——译者注

我屏住呼吸，大气也不敢出地与听众分享了绿色和平组织的故事，他们竭力想使网友明白自己为阻止日本政府猎杀座头鲸而做的事。他们想在座头鲸迁徙的时候跟踪其中特定的一头，并想给它取一个由绿色和平组织网络社区选出来的拟人化名字，诸如塔雷（Talei）和卡马纳（Kaimana）之类的，这些词在玻利尼西亚语中的意思是“海洋的神圣力量”。结果，就有了“喷喷先生”。

为了保证完整的喜剧效果，我一字一顿地说道。观众席上传来笑声，他们不讨厌我讲的东西。

有一次，一名reddit用户做了一个调查问卷并提交到网站上，人们潮水般地涌上来毫不犹豫地把票投给自己的最爱。谁不想听到一名新闻主播说出“喷喷先生”这个称呼呢?

然而，绿色和平组织并不满意。他们坚持要重新投票，这真惹毛我们了。我把reddit的logo从一头微笑着的鲸鱼换成了看起来更好斗的版本。

科学家们看过来：

座头鲸
（学名）

战斗小鲸喷喷
（战斗起来水花四溅）

面包猪
（JJ能漏水）

这一次，“喷喷先生”的票数甚至更加领先了，投票就此结束。

啊，不是吧，我超时了。请对我温柔点。

绿色和平组织的态度最终软下来了，允许网友最爱的名字胜出（有时候你必须得让自己被颠覆，谨记）。与此同时，他们无意中创造了一个品牌，为此感到兴奋的人远远超出他们自己的粉丝数量——这个信息的传播范围也远远超出了鲸鱼爱护者们。事实上，日本政府真的取消了当年的猎鲸计划。

每个在网上有所创造的人都丧失了对自己所发信息的控制权，但也都在这个过程中获得了全球性的瞩目。“喷喷先生”是一个关于网络内容民主化的故事，并由一头座头鲸做主角。此外，它还生动地说明了我们对自己品牌的控制权有多小。事实是我们从未拥有过控制权，只不过直到现在人们才意识到这点。社交网站出现之前，我们几乎不知道别人对自己的真实看法是什么（现在有了社交网站才能知道别人的看法），也不知道什么时候志趣相投的人们会团结起来，这些人才是真正挥舞“大甘蔗”的人。

演讲结束。掌声响起。人群中甚至还传出了赞叹声。

搞定。那之前我也做过几次非 CompUSA 商场式的演讲，不过这次 TED 演讲的视频在 reddit 首页的点击率超过百万，我成了一位知名的“演讲者”。[①]

我现在有一个演讲代理人，每做一个非正式演讲都比我在必胜客打工一年赚的钱还多。这听起来有点疯狂，不过转念一想，我还是比史努基（Snooki）[②] 挣得少啊。这个事实让我真的开始怀疑人生了。

---

① 这个视频被提交到 reddit 上时加了这样一个内容提要：“这个傻瓜误打误撞地被邀请去做 TED 演讲，在被赶下台前居然漫无边际地说了超过四分钟的话。”这真是一个绝妙的描述。

② 史努基是 21 世纪初流行文化的一个标志人物，21 世纪中期及以后的读者可能会知道她“史努基总统”的称号。我这么说没有任何不尊敬的意思。（史努基是《泽西海岸》真人秀节目里的女星，有人说她是美国版的小月月，性格泼辣，行为大胆出位，曾对美国政治问题大发评论。——译者注）

我走上讲台时还是会感到紧张——只不过我现在知道怎样更好地驾驭这种紧张。那就是多练习。只要你上台的次数足够多，同时确保排练得足够充分，再加上满怀“真的知道自己在讲什么”的自信，那么演讲就流畅得多了。每次事后我都会再听一遍我的演讲，不是看，因为需要集中在词语表达上，留意每个“嗯”和“你知道”通常在什么地方出现。我还会注意那些没有起到应有作用或者带来意外效果的笑话——是笑话本身的问题，还是我的表达技巧不够好？然后，我把那个演讲抛到脑后。就是这样：检测、分析、重复。

互联网提供了大量的顶级演讲资料，只要点几下鼠标，就可以免费获得。找到你最喜欢的演讲者，向他们学习。有一次，乔恩·斯图尔特（Jon Stewart，美国一档脱口秀节目主持人）的采访主题中含有敌意，被节目嘉宾海扁之前他用一个笑话巧妙地化解了危机。我特别留意了他的演讲方式。奥马巴总统很懂得如何恰到好处地按下“暂停”键以使演讲效果最大化。这些技巧如果用得好，沉默也是很有力量的。当我知道当代最优秀的喜剧明星之一路易斯（Louis CK）每年都把他的所有资料当垃圾一样扔掉再从零开始之后，我就明白自己不能再懒了，不能在演讲时总炒冷饭了。路易斯之所以这样做，原因正像他所说的：**“不断提升的方法就是不再重复目前所做的事。你必须通过摧毁一切来给自己制造一个空白：斩草除根。不然，你只能每晚都讲同一个笑话。”**

毋庸置疑，当一名出色的喜剧演员肯定比发表一个演讲难多了，既然他能一直在自己的领域里出类拔萃，为什么我就不能呢？

假如你只有一次机会

> 如果找到了自己喜欢同时又擅长做的事，那么就要全力以赴，决不放弃。

小时候，我房间的墙上写着这样几个字："剩余生命值：0（LIVES REMAINING：0）。"如果生活是一个视频游戏，它会用这种方式来提示你"只有一次机会"。

幸运的是，我在22岁的时候就学到了这一课。那时离我大学毕业只有大约一个月的时间。当时我觉得自己会像那些名人一样不朽。然而，接下来的一个电话改变了一切。

为什么妈妈会打电话来？她现在应该正准备去挪威度假啊。

她在哭。

"麦克斯（我们养的狗）不行了。"

我是独生子，自从上大学离开家之后，麦克斯就成了妈妈的最爱——我再也不能重回这个地位。她对麦克斯喜欢极了。我们全家也都倾尽所能地为麦克斯治疗库欣综合征（Cushing's），但它最终还是因为这种疾病走到了生命尽头。

妈妈为此感到心神不宁，烦乱不已。这是我意料之中的反应。我告诉妈妈我爱她。尽管我当时不在，但她为我们深爱的狗狗所做的一切我都理解，也很感激。在与爸爸一起去机场之前，她还得处理点别的事。虽然她尽了自己最大的努力去接受麦克斯的变故，但我知道她这个状态是很难好好去度假了。

怎么说这事也是在她上飞机之前发生的。

我的狗刚刚死了。那一天我在波士顿度日如年。创业中的生活通常会走向两个极端——每天早上醒来，要么想象今天就是你战胜世界的日子，要么就觉得自己死定了。

我在煎熬中度过了那个早晨。不记得当时在做些什么，只记得下午晚些时候电话又响了。

爸爸怎么会给我打电话？他应该和妈妈在飞机上啊。

他在霍华德县总医院。

在那之前的每个夜晚，妈妈都在那儿工作；她在那所医院做夜班药剂师已经 17 年了。

现在，她和爸爸计划了很多年的度假计划变成了泡影。

妈妈在商场的试衣间里突发痉挛，有个细心的商场工作人员发现后帮忙拨打了急救电话。

幸好是在她上飞机之前发生的。

首次脑部扫描结束后，医生发现了一个肿瘤。在妈妈大脑里作祟的罪魁祸首是一个被称作“多形性胶质母细胞瘤”的阴险怪物。多难听的名字。那一夜妈妈在医院里度过，做了很多项检查。接着，妈妈很快就要做手术了。我原本不应该去网上搜这种病的，[①]但又想知道父母将来可能竭力对我隐瞒的病情是什么。

---

① 多形性胶质母细胞瘤是脑肿瘤中死亡率最高和最常见的一种。——译者注

我乘坐第二天凌晨最早的一班飞机去探望妈妈，不过在那之前我不得不待在波士顿。

那天晚上，史蒂夫和我都努力不去想烦心事，于是到当地一家酒吧看球赛。《周一橄榄球之夜》（*Monday Night Football*）正在播放我们喜欢的华盛顿红皮对达拉斯牛仔的比赛。

那场比赛很无聊，我们支持的队正在输掉比赛。真是我生命中最糟糕的一天，连个喘息的机会都没有。

比赛已经到了第4节，没有太多电视台会持续关注到这个阶段，我俩毕竟是在波士顿。而在马里兰州的哥伦比亚社区，爸爸已经睡觉了。他的心脏再也经不起更多的折腾了。

我和史蒂夫没有别的地方可去，又想做点事来转移注意力，只好继续看下去。已经进行到第4节的第15分钟，对方和我们的比分为13-0，此时比赛只剩下不到4分钟了（如果你对橄榄球不感兴趣，只要知道比赛形势已经异常严峻就行了）。就在那时，马克·布鲁内尔（Mark Brunell），一个并非以臂力而著称的四分卫，用力把球投掷到前场50多码远的地方，传给了球门区的桑塔纳·莫斯（Santana Moss）。

比分变成了13-6！

但是球场上没有人庆祝——也没有理由这样做。几乎不剩多少时间了，我们快要输掉比赛了。连牛仔队的吉祥物都做了一个夸张的看手腕的动作来提示我们没时间触地得分了。

史蒂夫我俩仍然很兴奋。管他呢！怎么说总算有了一件高兴的事。那是我们队本赛季的第一个触地得分！当时我们一直在喝酒助兴。

我们意外得分，那个穿牛仔队球衣的混蛋也得了一分。

在红皮队的谨慎防守下，牛仔队的悬空球很快就结束了，我们又拿到了球，这意味着该我们进攻并得分了，而且我们首次站在距我们30码线不远处的地方。那个叫约翰·马登（John Madden）的解说员还来不及说一句完整的话，布鲁纳尔就把球掷出50多码远传回给莫斯了，就像刚才莫斯传给他时一样。莫斯成功了！

“桑塔纳·莫斯触地得分！”解说员艾尔·迈克尔斯（Al Michaels）不敢相信自己的眼睛，莫斯硬是挤到了球门区。

此时，史蒂夫和我都尖叫起来。我想大概就剩我俩还在看这个比赛吧。

比分一下子扭转为14-13，我们要赢了。

什么？要赢了？

即便在看起来已经绝望的情况下仍然保持着希望——不如看看事情到底会怎样发展，因为除此之外别无选择。就好像我坐在自己的位子上希望可以对比赛结果施加影响，而事实上却只能在恰当的时刻欢呼一般。

比赛还没有结束。生活也不是一本故事书。对于一个非球迷来说，他很难预料比赛接下来会发生什么。

牛仔队在电视镜头面前并没有表现得多沮丧，而是在场上迅速走位。随着时间一分一秒地过去，他们也慢慢在接近目标得分区。他们无须到达球门区，离那儿35码远即可，只要踢出一记得分球，就可以摧毁我们的希望，以胜利者的姿态走出赛场。

但他们的机会转瞬即逝。

给帕特里克·克雷顿（Patrick Crayton）的第三个前传保护了第一次进攻，同时也把牛仔队带到了目标得分区。克雷顿一步越过记分员，然后……产生了身体撞击。

轰！

你可以听到从电视中传来赛场里雷鸣般的欢呼声。

红皮队的肖恩·泰勒（Sean Taylor），一个看起来瘦得好像吃不饱的后卫，奋力弹跳起来拦截抢球，造成了对方传球失误。

轰！

我开始大喊，把啤酒杯猛戳到桌子上放下，可能还洒了一点酒。电视不断重播这一幕，而且每次都带有“轰”的一声巨响，我也每次都跟着喊。真有点讨人厌。

史蒂夫也在喊。这下酒吧里的人都开始烦我们。但管他呢。

后来，我仔细看了泰勒在那次比赛中和比赛后的高清图像。他像通了电似的猛跳起来，那种激情令人印象深刻。当你看到跟你一样同为碳基生物的另一个生命体如此热爱自己的事业，又做得如此出色，那感觉真的棒极了。

那个传球失误让牛仔队及其球迷一蹶不振。牛仔队的队员们转着球，而红皮队则把佳得乐（饮料）浇到了吉布斯裁判身上。这看起来不像是常规的庆祝方式，不过我们还是觉得这能更到位地表达他们内心的激动。

史蒂夫我俩一路唱着“战歌”走了回去。我心中充满了喜悦，想在第二天告诉爸爸这个消息给他一个惊喜。如果知道比赛是这种情形的话，他绝不可能中途就不看了（以后也不会这样了）。

我以前从不相信“预兆”，主要是觉得自己不会一直倒霉。不过这一次我受到了鼓舞。

那天晚上，肖恩·泰勒拯救了比赛。他只是在做自己喜欢同时又真正擅长做的事。这让我在那个极为难过的夜晚感到了一丝小小的幸福，并坚信事情不到最后一刻就不算结束。

所以我最好不要放弃。如果我找到了自己喜欢同时又擅长做的事，那么就要全力以赴。

两年后，与妻子和女儿一起在家中的肖恩·泰勒被一个闯入者谋杀。当时他只有 24 岁，比我大几周。

我们常用“两极分化”和“完全自我消耗”来形容创业生活。不清楚状况的人通常将创业比作战斗，其实喝酒过量之后的状态更接近创业者的状态，后者会让你更夸张地感觉到某些早晨特别难以应对。

但我从来没有躺在床上自怨自艾过。即使在得知妈妈生病的那天晚上，我也没有这样做。因为我知道一旦回到马里兰，父母就要经历一个完全不同的早晨。我会让他们从不同的角度来看待整件事。我的妈妈，世界上最善良的人，被告知可能看不到自己的孙子出生了，她看到我后说的第一句话居然是“对不起”。

像她这么善良的人肯定会这么说的。在那一刻之前，我都过着毫无压力的生活，我也知道这种生活会有变化，只是没想到一刹那就发生了。

妈妈在 23 岁时因为和爸爸相爱而来到美国，以非法移民的身份和他一起生活。几年之后，他们在曼哈顿下城区的市政厅秘密地结婚。后来，他们才为家人举办了“公开”的婚礼。（爷爷，你也不知道这个细节吧！）再后来，父母发现在纽约即使是在布鲁克林和皇后区这样的自治地区抚养孩子也实在太贵了，于是就搬到了马里兰州的郊区。在那里，爸爸有限的收入可以更好地维持一家人的生活。

爸爸从安提亚克学院（Antioch College）获得了城市设计与建筑学的学位，妈妈则在1980年的时候，也就是我出生的前三年才勉勉强强地拿到了普通同等学历证书（GED）。我出生之后，她继续在医院药房做夜班药剂师，晚上只睡很短的时间，这样她就能在我醒着的时候有更多时间陪伴我。

在经历了这一切之后，我的母亲，这个在我一生中都给予我坚定支持、令我自信并且深爱着我的人，还要因为自己患上了致命的脑癌、给我的生活造成困扰而说对不起吗？

我做过的最好的决定就是当一名创业者，因为无须别人批准也不用怕耽误工作就能优先照顾家人。我用坏了很多3G的无线网卡和笔记本电脑。只要有这两样东西，无论是在霍普金斯的床边还是在reddit的总部萨默维尔，哪里都是我的办公室。

随着时间的发展，人终有一死——我把这一点当作自己人生的先兆写下来，因为在互联网使永生成为可能之前，人类仍然难逃一死的命运。①

我愿意舍弃一切只为换回妈妈的生命，然而现在只能靠每天努力工作来为她增添一点荣耀。

---

① 科学家们制造的机器人除外，它们不会死。别为它们掉眼泪，因为它们也不会为你这样做——它们也没这个能力；技术无止境。

坐在一张舒服的椅子上，一边读着这本书，一边考虑如何利用互联网这个伟大的平台来分享你改变世界的创意，这本身就是一件奢侈的事。我们生活在这样一个时代，一边是前所未有的机遇在全球各地涌现，另一边是极大的不幸与之并存。

抓住机遇，好好利用现有的一切吧，你说呢？

WITHOUT THEIR PERMISSION

02

reddit，YC首次投资的幸运儿

|从孵化中受益|

我们认为下面这些真理是不言而喻的：人人生而平等。造物者赋予他们若干不可剥夺的权利，其中包括生命权、自由权和追求幸福的权利。

——美国《独立宣言》，托马斯·杰斐逊

杰斐逊的愿景真正变成现实所需要的时间比预期中要长一些。在美国梦深深扎根的国度里，任何才华足够出众、意志足够坚定的人都应该做成任何他想做的事。不幸的是，我们还没有这种条件。不过，弗吉尼亚的两个大学生在大四寒假期间曾经有幸遇到这样一个机会，无意间为重启这个美国梦（至少是在网上）贡献了一份微薄之力。这种能激励人们在网上开创事业的梦想并不受国籍的限制——美国的梦想尽管在本土还尚未实现，但在全球的互联网领域已经基本实现了。我参与实现这个梦想的开端就是以下三件事：认识史蒂夫·霍夫曼，意识到自己对华夫饼的热爱以及开始构建网站首页。

第 1 章结束的时候，我刚刚遇到史蒂夫。我们一起在校园里度过了大部分课余时间，要么一起玩视频游戏，要么互相搞恶作剧，不过大部分时间我都是被恶搞的那个。由于已经在高中的时候充分享受到了计算机带来的乐趣，所以进入大学后，我一直想在计算机科学专业大展身手，但是遇见史蒂夫之后，一切都变了，我想我还是把它培养成一个业余爱好算了。后来我主修了历史，并告诉自己还得学法律，将来要成为一名移民律师。忽然之间，我成了一匹过分重视 GPA（即各科平均分）的黑马。作为一名外州学生，如果没有薇拉（Vera）姑奶奶的慷慨相助，我的父母是无法负担我在弗吉尼亚大学的学费的。我对薇拉姑奶奶感激不尽！她让我不用背负大学贷款的压力，所以我想充分利用在大学的 4 年时间——这也是为什么我要同时主修历史和商业并以优异的成绩毕业，而且又辅修了德语的原因。

然而，在大三那一年，我意识到自己不想成为一名律师。这个顿悟发生的时候，我正和朋友在一家名为华夫屋（Waffle House）的店里吃东西——当然，后来我高度评价了这家店以及自己当时思想上的转变。那时史蒂夫已经接到了弗吉尼亚州一家小型软件公司的录取通知。而我自己还在一边吃着华夫饼，一边喋喋不休地说着要成为一名移民律师的梦，直到后来我发现周六早上还是应该好好享受早餐，瞬间就不想再多说话了。那段时间我正在上卡普兰法学院入学考试（Kaplan LSAT）的准备课程，有一天，我突然站起来，冒冒失失地走出了课堂。

有些事情夹杂在那些听起来有点煽情又有点刺痛的细节之间起了变化；我亟须知道自己为什么要花三年的宝贵时间，只为换来一纸律师证。说真的，我不知道。史蒂夫和我在啤酒和披萨的陪伴下进行过无数次激烈的头脑风暴，次数多到让我想把我们所有想到的点子都变成现实，一个也不放弃。

其中一次讨论的起因是，史蒂夫讨厌在西兹加油站（Sheetz）[①] 的室外加完油后还得到室内去买三明治。西兹便利店其实已经通过安装触摸屏提高了点餐效率，但为什么非得在柜台前点餐呢，试试通过手机点餐怎么样？

---

① 西兹公司既有连锁加油站又有便利店，两者往往在一起。——译者注

当史蒂夫把这个想法告诉我的时候，我考虑了所有适用于移动订餐的场景，而在现实生活中你一般得排队才能买到外卖。假如你打算去星巴克买一杯常喝的星冰乐，为什么不先在手机上点几个按键下单呢？这样等你走到店里的时候，星冰乐就已经准备好了。史蒂夫，这方法没准真能行……

几年前，我曾经在新加坡度过了一个对现在影响深远的夏天，代表弗吉尼亚大学参加一个国际性的科技创业竞赛大会（啊，希望上帝保佑这个会议一切顺利吧）。这趟全程免费的行程是马克·怀特（**Mark White**）教授邀请我参加的，他是我最喜欢的老师之一。为了参加这次会议我拒绝了在奥美公司（**Ogilvy**）的实习机会。比起在美国最贵的城市做无报酬实习生，我还是更喜欢免费旅行。在到达新加坡的第一个晚上，我向马克提起了我和史蒂夫想到的这个关于移动订餐的创意，并从他那里得到了首个不带任何倾向性的反馈（不管我决定做什么，父母永远都会对我表示支持，我都觉得有点好笑了）。马克认为我们应该有能力把这个创意变成现实。

他的乐观可能跟时差有关系，再加上当时喝了一种名为“新加坡司令”（**Singapore Slings**）的鸡尾酒，不过我还是特别兴奋。

第二天早上，我就给史蒂夫写了一封邮件。为确保真实可靠，我在下面展示出来的就是这封邮件的原貌。敬请谅解所有的笔误，因为新加坡的电脑键盘字母排列跟美国不一样。很明显，键盘上还有一个键不停地往文字里插入“兄弟”（**bro**）这个词，到处都是，真的很抱歉。想象一下吧，整篇邮件里都得加上“原文如此”的注释：

> 嘿，兄弟，我正在新加坡参加有关科技创业的研讨班，会花一周的时间学习怎么创立一家科技创业公司。昨天晚上喝了点酒之后，我把咱们的点子告诉了马克·怀特（商学院的一名教授，人不错，也是一个技术爱好者，是他邀请我来新加坡参加这个活动的，还带我去过南非），并且听了他的反馈。让我再向你补充点其他信息：每过两个月，他都会从学生那里听到许多有关创业的点子，也都会提出坦率而诚恳的建议，但我们的基本上是他听过的最好的想法之一，句号[①]。不仅如此，他还想成为咱们的董事会成员，也已经知道应该去联系哪些人来获得启动资金……我已经了解到了足够多的细节，也正在严肃地考虑是不是该中断在法学院的课程来全职创业，我很需要你，咱们得在将近一年的时间里全职做这件事才能成功……不过马克认为我们这个创意的潜在价值会达到数百万美元，我的朋友……我们需要认真地谈一谈。我会在 20 号回去，所以当天咱俩能不能一起吃个午饭，地点你来选……一定告诉我。真的，这事可能改变我们的人生——而且马克的积极性真的让我很受鼓励。不过我仍然需要你，还有你的认可。

他怎么可能说“不”呢？好吧，他也没有那么明确地说“好”，不过我已经开始想办法说服他了。

我请那位一直夸奖我的积极性的商法学教授帮忙推荐本地的律师，于是我和史蒂夫联合创建的首家公司——红砖方案有限责任公司（Redbrick Solutions，LLC）诞生了，注册地就在弗吉尼亚州。然后，我又去美国银行分行为公司开了一个账户。差不多就是那段时间里，我觉得自己最好还是报名参加一个名为 COMM 468 的创业培训班。COMM 468 很有名气，由弗吉尼亚大学的麦金太尔商学院（McIntire School of Commerce）开办，只在每年春季面向大四学生开放。

① 原文如此，这是作者提到的笔误之一。——译者注

学习创业与亲自实践

> 如果你没能进入某个创业培训班，你仍然可以亲自实践一下创业本身。

我知道这个小标题有点剧透，不过你肯定想听听到底是怎么回事。

COMM 468 创业培训班很受欢迎，我所能做到最好的也只是进了贴在任课教授办公室门外的那个待定名单上。确切地说，我并没有排在第一名的位置，不过还是比较乐观。我认为自己已经有了一个很好的项目，特别是已经下定决心投身创业——毕竟，我和我的合伙人已经创建了公司，还开了银行账户，甚至连名片都设计好了。

总之，这一切在我的生活里已经成为现实，而不是将会出现在课堂上的假设情景。

遗憾的是，我从那一期课程的任课老师布罗克特教授（Professor Brockett）那里得知，我们得和另外一组学生共同做一个“商业计划”。如果早知道 4 个创始人通常是一个容易失败的模式，那么当时我肯定会就这种安排说点什么。不过，那时我和史蒂夫面临的更大问题是，我们已经过了需要给公司再随机添加两个联合创始人的阶段了。

> **发件人：**亚历克西斯·奥海涅
> **发送时间：**2005年1月25日，周二，上午7：46
> **收件人：**布罗克特，塔尼娅（Tanya）
> **主题：**很想旁听今年春季的COMM 468课程
>
> **布罗克特教授：**
>
> [……] 我真的很希望您能考虑让我旁听这门课程，因为我知道自己到了 5 月份的时候肯定特别需要这些笔记，也会反复思考课堂上讲

的内容。尽管我认为所有的事务都已经处理好了，但其他的问题还是会突然冒出来，而且我也很想尽可能地为此做好准备，因此我们计划在本学期结束之后立即着手开始创业。我已经读了很多书，也从麦金太尔商学院的老师那里得到了很多关于如何创建公司的建议，所以我认为自己确实对这门课程很感兴趣。

不过，昨天晚上我和史蒂夫在开每周项目例会的时候讨论了一下，我们一致认为，要与别的学生组成小组来共同制订商业计划的安排对我们来说不太适合。首先，我俩已经是一个创业团队了，其次我们的软件还没有开发完成，必须对它进行保护。

尽管我仍需修满一个 3 学分的高级管理类课程才能毕业（这学期我一共要修满 18 学分），但是假如您这门课是旁听的话，那么我也完全能再修另外一门可以计学分的管理课程作为补充。

我保证，我的出勤只会给您的课堂增添光彩，而且您不用担心我是否能完成 21 个学时——去年春天我完成了 22 个呢。

非常感谢您能考虑我们的请求。

亚历克西斯

这封邮件比其原本所要表达的长得多，但我认为这样才能成功。至少，这次我没打出那么多“兄弟”来①。

下面是布罗克特教授的回复，括号里的字是我当时脑子里的想法：

亚历克西斯：

你在名单上的排名确实能够让你进入这个培训班。

① 在 21 世纪的最初几年里，键盘上都有一个固定的按键可以打出“兄弟”（bro）这个词来，类似于大写锁定键 Caps Lock，但是没有太大用处。——译者注

（哈，成功了！我就知道她会看出来这课程对我有多重要……）

不过，鉴于你的上一封邮件，你现在还没有入选，因为我们需要明确你的预期是什么。

（啊，我的薇拉姑奶奶给一个外州学生付学费就是为了得到这样的结果吗……）

请在本月 26 日周三 16：00-17：30 给我打电话，咱们讨论一下这件事。

（失败了……）

我给布罗克特教授打了电话，她表示我可以跟其他三个学生一起做一个新的商业计划。于是我问她我能不能旁听这门课，她说不行。

这就是为什么我没能进入 **COMM 468** 创业班。所以，我只能选择亲自成为一名创业家了。

成功只要做好三件事

> 你只需要做三件事就能成功创业：找一个好的合伙人，做用户真正想要的产品，能少花钱就少花钱。

大四期间，我继续处于“创业中”的状态。史蒂夫和我一起努力推进我们的创意。我也开始跟本地的饭店老板讨论他们的销售体系以及使用网络订餐的经验了。那时候，人们把“网络订餐”称为“传真服务”。我从中受益匪浅。并且，种种迹象都表明，我们毕业之后会留在夏洛茨维尔（Charlottesville）并创建一家公司：我的移动菜单（My Mobile Menu，MMM）。

大四这一年的春天，我们的生活被一次决定命运的剑桥之旅[1]改变了。史蒂夫的偶像之一保罗·格雷厄姆（**Paul Graham**）宣布将在哈佛大学发表演讲，史蒂夫的女朋友建议他去听一听。当他把链接发给我的时候，我也很想去（尽管我其实并不知道保罗·格雷厄姆是谁），因为我从来没去过波士顿，而且这个演讲的主题听起来很适合我们："如何创立一家创业公司。"

那时候学校正在放寒假，不过无论如何，我们也并不打算天天在海边度过。海边的阳光太刺眼了，笔记本电脑都没法用，因为屏幕根本看不清，而且全都是沙子。

在首次互联网泡沫期间，格雷厄姆创办过一家名为 **Viaweb** 的公司，这是首个在线商城。后来，雅虎以 **5 000** 万美元的价格收购了这家公司，这让他有了经济保障，从而可以专心致志地研究技术和在网上发表文章，写作内容包括所有与创业和编程有关的东西。在互联网发展的蛮荒时期，他已经成为技术圈子里的权威人物，并且拥有一大批程序员粉丝，史蒂夫也是其中之一。

没想到的是，波士顿居然下了那么大的雪。我们一路坐火车从弗吉尼亚过来，旅途漫长而备受折磨，到目的地之后在朋友的公寓里住了一晚，准备第二天听演讲。史蒂夫在《魔兽世界》里的角色祭司在那天晚上升级了。

之后我们就出发去哈佛了！演讲的教室里挤得满满的都是人，保罗讲了差不多 **45** 分钟，然后很有风度地回答了提问。其中有那么一个瞬间，他把完美的天使投资人描述为"他们本身就是从科技行业里发家致富的"。说出这句话的时候，他注意到一屋子志存高远的创始人眼神中都充满了希望，

---

① 剑桥市，位于美国马萨诸塞州，哈佛大学本部所在地。原为一个小镇，后来升级为市，现属于大波士顿地区的一部分。

接着突然澄清说："哦，不是我！"

于是，教室里传来一个书呆子发出的低沉而失望的声音。

只要投资到对的创始人身上，即使很少的一点钱也能帮助他们走很远——当格雷厄姆意识到这一点的时候，他可能还会回想起发生在哈佛大学教室里的这一刻。毕竟，是他告诉这些人，**"你只需要做三件事就能成功创业：找一个好的合伙人，做用户真正想要的产品，能少花钱就少花钱。大多数公司的失败都是在其中某一件事上出了错。这三件事全部都做到的话，创业公司就很可能成功"。**

演讲一结束，史蒂夫就径直奔过去要他的亲笔签名，我紧随其后。等轮到我时，我告诉他我们是从弗吉尼亚远道而来的，然后有点冒昧地说："如果我们能请你喝杯咖啡，请你给我们的公司提提意见，那就太好了！"

他同意了，可能是被我们这趟郑重其事的旅程打动了，定好时间之后就问我是否知道信息亭，我们将在那里见面。

我太激动了，想都没想就答应了。当然，我根本不知道信息亭在哪儿，但这也不妨碍我在走廊里迅速跳一段吉格舞。足足问了六七个陌生人，我们才知道那实际上只是一个位于哈佛校园中间的自助服务亭。好吧，又多了一个我没去上哈佛的原因。

当天晚上，我们与保罗如约相见，坐在 Café Algiers 里边喝咖啡边讨论我们创业的想法。原定计划是，史蒂夫先用自己出色的编程才华来加深他的印象，树立起我们能力很强的印象之后，我再趁机加入宣讲之中。实际情况是，保罗只看了我一眼，然后说："说来听听。"我只说了几句话。

保罗很喜欢我们的创意。史蒂夫仍然满怀深情地把那当作一个值得纪念的光辉时刻。他最崇拜的一个偶像正面对面地说他觉得我们开公司的点子并不差。事实上，他说我们做得相当不错。我忘记他给出的赔率是多少了，但这更加坚定了我们的信念：我们做了一个正确的选择。

我知道自己松了一口气，因为是我一直在极力说服史蒂夫放弃一份薪资丰厚而且他又喜欢的工作。创业这事儿万一不成的话，我可不想面对他妈妈一脸怒火的模样。

我们把这个寒冷而讨厌的寒假抛到了脑后，怀着对光明前景的满腔热情回到了夏洛茨维尔。我请史蒂夫再给保罗发一封后续邮件，因为保罗毕竟是他的偶像，再说这样看起来也比较周详，至少要谢谢他这次对我们的帮助。

差不多过了一天，史蒂夫还没写，于是我站在他身后督促他写一封快捷感谢信。史蒂夫还提醒他说，我们就是“从弗吉尼亚来的那两个大学生”。保罗几个小时之后就回复了。这是一个非常好的兆头。他说自己正在考虑做一个专门给像我们这样的早期创业团队投资的项目，再加上他已经见过我们了，所以我们入选的概率很大。

几周后，保罗宣布 YC 诞生。这是一个实验性质的种子期创业项目孵化器。孵化过程很简单：向创始团队投很少的种子基金，并提供适当的创业指导，再加上三个月高强度的编程工作以及不厌其烦地与用户们进行交谈，这样就可能诞生一个某天价值数十亿美元的公司。当然，目的只是为了在这三个月结束之后进行下一轮的融资，即天使投资，数额通常为几十万美元。**天使或者其他投资者之所以愿意向还未经市场证明是成功的互联网创业者投资，是因为现在开办网站所需的成本太低了——特别是跟保罗·格雷厄姆创业时的高成本相比。只要创始人们有吃有喝有住，又能负担得起笔**

记本电脑和上网费用，那么他们就能创办一家公司。

我们是第一批申请入驻 YC 的团队，还应邀在 2005 年 4 月 9 日（周六）去波士顿面试。YC 的合伙人之一杰西卡·利文斯顿（Jessica Livingston）给我们发邮件说明了面试过程：

> 在这一阶段，我们相信你们已经具备了相应的技术能力，因此打算专门分配出 40 分钟[①]来讨论你们的创意。我们不要求做展示，但请准备对以下几个问题进行讨论：
>
> - 为什么人们会需要你们的创意？
> - 你们会怎样向客户推销自己的产品？
> - 你们怎样才能比竞争对手做得更好？

这与通常的科技公司面试差别巨大。既没有像“为什么下水道口到处都是”这样的思维题[②]，也没有对你进行压力测试，让你大喊大叫或者面对“大老二们”（Big Swing Dicks）[③]——他们想看到我们最好的状态，而不是慌乱无章的样子。杰西卡在门口向我们微笑致意。时间到了，我们跟保罗以及另外三位在座的合伙人杰西卡、罗伯特·莫里斯（Robert Morris）、特雷弗·布莱克韦尔（Trevor Blackwell）进行了热烈的讨论。面试一结束，我们都觉得胜算还挺大的。因为就在一个月前，保罗对我们的想法感到很兴奋呢。

接到保罗打来拒绝电话的那天晚上，我们有点沮丧。史蒂夫和我尽可能地保持平静，彼此安慰说我们将来会证明 YC 是错的。

---

① 据此你可以看出来我们确实是 YC 的“首批”申请者。由于想要寻找融资的人实在太多了，现在 YC 的合伙人们只能给每个创始团队十来分钟的时间进行面试。

② 微软曾经用这样的刁钻问题来为难面试者。——译者注

③ 这是一种隐喻修辞的说法。万幸的是，我首次见到这个词还是在迈克尔·刘易斯（Micheal Lewis）的书《说谎者的扑克牌》（*Liar's Poker*）里面。（在刘易斯的这本书里，“大老二”指华尔街那些顶级股票交易员或销售员。——译者注）

A面：
史蒂夫和我互相安慰

幸好还有啤酒能抚慰我们受挫的心。

B面：
4个小时后的史蒂夫和我

我们在哈佛校园的边境咖啡（**Border Cafe**）搞了些小破坏之后，就跟一位请客的老兄一起出去了。他是哈佛毕业生。他带我们去了一个哈佛兄弟会[①]成员经常光顾的地方。我清楚地记得自己被介绍给一些成功的哈佛校友，这些人正在讨论与金融界工作有关的话题。我醉醺醺地跟他们说了我们正在为自己的创业公司融资，而且刚刚拿到了这家新成立的 **YC** 的资金。

呃。话一出口，我立刻觉得恶心，但我羞愧难当，根本没勇气大声承认自己的失败。这些人甚至没太留意听我说话，而我不知道出于什么原因还觉得他们会注意听。谈话已经转到了别的话题上，可能是在讨论他们正盯着看的那些吧台边的女孩吧！我踉踉跄跄地走到外面呼吸新鲜空气。我喜欢那天晚上待在户外的时刻——大概是缺少了阳光的缘故吧，我真的对自己失望透顶。嘿，哪位正在看这本书的哈佛兄弟会的朋友，如果那天你也在的话，其实我在撒谎，因为我实在是不好意思承认自己被 **YC** 拒

① 哈佛大学里的社团组织，采取终身制，成员基本为社会精英。——译者注

绝——我是在成长过程中事事都获得褒奖的一代人，所以那次我遭遇了人生中的首次重大挫折，感觉实在太糟糕了。

但我必须接受现实。我们被拒绝了，而且我还要去做任何能证明他们是错了的事。史蒂夫和我要向他们证明，我们不参加那个什么夏季创业项目也能成功。我们回到夏洛茨维尔，一从宿醉中醒过来就重振旗鼓，为了实现一个能改变世界的创意而努力奋斗。

接着，一个电话又改变了一切。别担心，这比我在第1章里接到的那个突如其来的电话好多了。

返回弗吉尼亚州的旅途格外漫长，在火车穿越康涅狄格州中部的时候，我的手机响了。是保罗·格雷厄姆。他想让我们回去，但前提是我们放弃现在的创意做点别的。我们太想证明他错了！我们在最近的一个站下了车。还好，我没让保罗帮着买当天晚上飞回夏洛茨维尔的机票，所以火车也没开出去多远，我们可以在一小时之内返回波士顿去参加他们的头脑风暴，以便讨论出一个比移动网上订餐更好的创业点子。[①]移动网上订餐这个概念最大的问题不仅在于我们得说服用户接受，还在于那时候应用市场还没有出现，唯一能让人们在手机上安装这个软件的办法就是先去和运营商达成合作协议。对于一家只有两名员工的崭新的公司来说，只是和运营商谈成协议这一项就堪称重大成就了。此外，我们还得说服饭店的老板上同一条船，他们可是出了名的晚期采纳者，对新事物反应非常迟钝。

我们回到YC的办公室，单独与保罗·格雷厄姆见了面，没有其他合伙人。他告诉我们要暂时把手机的事放在一边，然后想一想能在浏览器上做点文

① 后来我们才知道，是身为合伙人的杰西卡拯救了我们。她认为我们太可爱了，特别是史蒂夫，简直无法拒绝。大部分YC的创业团队都有一个昵称，我们的是“玛芬蛋糕”。杰西卡，谢谢你！

章。在大多数人远远没有意识到在线软件的力量时，他就已经知道对于一个创意来说，互联网能为它的传播带来前所未有的巨大潜能。**当用户只需要一个浏览器和互联网就能获得产品时，那么它的增长空间就有可能是空前的。**他问我们在使用互联网的过程中遇到过什么样的烦恼，那时候发生了一件奇特的事，一个名为 TheFacebook.com 的、仅限大学校园使用的网站刚刚推出不久。史蒂夫是 Slashdot 的资深读者。Slashdot 是一个由编辑监督、管理内容的新闻网站，不仅拥有一个强大的评论者社区，而且还拥有一套缓冲系统。我每天都要在浏览器上打开很多标签页，但却没办法从嘈杂的信息中过滤出有用信息。那时候，有一个名为美味书签（del.icio.us）的网站让人们可以在线收藏网页，所以，假如你从一台电脑换到另一台电脑上，那么你保存的参考资料也可以随之转移。该网站的一个有趣的副产品是 del.icio.us/popular，可以在任何时候把最受欢迎的收藏网页地址聚合到一起。美味书签似乎还没有做到最好，但从中我们看到了更大的可能性，我们不仅能保存这些最受欢迎的链接，还能把它们分享出去。

当时还没想好具体的功能，但我们知道旧的新闻聚合模式，就是打印到纸上的那种模式，已经不适合互联网时代了。事实上，我们的远景目标就是在那次会谈的时候，由保罗·格雷厄姆明确下来的："就是它！你们应该做互联网的首页。"

快速打造出reddit的雏形

> 无论你做的是什么，这个东西都应该让人值得一看。用保罗·格雷厄姆的话来说就是："返回键就是你的敌人。"

被 YC 接受后，我们就回去准备期末考试，并享受在大学的最后几周时光。

2005年4月14日，史蒂夫·霍夫曼写给我的邮件：

> 保罗说我们如果能迅速做出一个产品原型来就好了。不用全都做好，只需要做一个快捷页面来展示一下我们的网站有多酷就行了。本周末你有时间吗？
>
> **史蒂夫**

我的回复：

> 没问题老兄，周六下午或者周日全天都有时间。我有一些想法，不过还得先坐下来和你大概说一下。
>
> **亚历克西斯**

事情就是这样。你还能想到比这更戏剧化的事吗？两名大四学生只不过是决定带着他们的笔记本电脑一起过个周末而已。两个普通人就是这样开始创造能跻身世界TOP 50之列的网站的。这个过程没有惊心动魄，也不是灵光乍现，我们只是决定在周日抽出一些时间来完成一点工作。

我们确实考虑了一下reddit，但直到几周之后我才想到这个名字。4月29日，刚过完22岁生日没几天我就注册了reddit。

毕业之后，史蒂夫和我开始在梅德福（Medford）一幢租来的公寓里辛勤地工作。梅德福位于马萨诸塞州，是剑桥市外一个安静的郊区。我是在craigslist上找到这个房子的，正好原来住那儿的一群塔夫斯大学（Tufts）的学生要转租，而同时又能满足我们的要求：在马萨诸塞海湾交通局的地铁红线（MBTA Red Line）沿线上，而且很便宜。我们搬过去时只带了够一个月穿的衣服（里面已经有家具了）、笔记本电脑，还有我们画的一些草图，其中包括一个logo和一个外星人吉祥物。说实话，在想清楚要把网站做成什么样之前的几个月，我就已经设计好这些了。哥太有远见了！

那年 6 月份，史蒂夫和我着手创建了这样一个网站：由读者而不是编辑来决定首页有哪些新鲜有趣的内容，方式就是由用户们推荐内容链接，再由社区来把最受欢迎的链接“顶”到前边去。我们原本没有让美国总统在网站上实时接受数百万网友访问的野心——结果 7 年之后他就接受了，也算是在夏洛茨维尔接受的吧。我们只想创建一个任何人可以在任何时候在线发现好玩东西的网站。这些链接可能是一篇文章、一段视频甚至是一张猫的照片；网友们如果喜欢这些内容就会把它“顶”上去，如果不喜欢就会把它“踩”下去。“顶”和“踩”这种新词毫无预兆地出现了，我挺喜欢的——喜欢这两个方向的箭头上上下下的样子。

网站的第一个版本使用了两个用户可能会点的按钮：有趣和无聊。我们还就表示放弃的“反对票”和表示赞成的“我喜欢”这种非此即彼的按钮进行过辩论，以后用户表示好恶的方式可能是评定星级——不管怎样，那些按钮至少在当时看起来是两极化的，或最终造成的结果是这样的。还好，对于如何更恰当地使一个提交了网友不喜欢的链接的用户受一点惩罚，我们已经有了共同的倾向，因此那些按钮仍旧保持原样，我也重新设计了箭头，降低了它们的像素。

我们不知道有多少人会喜欢这种得到很多赞成票的感觉，但我们的确知道“卡玛分值”（每个推荐链接所得的总赞成票减去总反对票）将会产生激励作用，尤其是对于推荐链接的早期用户来说更是如此。而且当你试图从无到有地建立起一个社区时，你需要一个简单的系统来鼓励用户参与。这个打分系统既非首创也非刚刚出现，但就是挺有用的。史蒂夫发明了一套聪明的算法，以使用户推荐的链接的排向在得到的投票数与停留时间的基础上上升或下降，这样可以保持页面不断更新。

我们做出的这个最重要的产品决定在当时看起来并没有多重要，但却导致了我们之间爆发的首场“大战”。我真的想让“标签”成为一种对内容进行分类的方式，但史蒂夫坚持我们应该让用户在 reddit 网站上自主建立二级话题页面（我们称之为 subreddits）。正如 WordPress 是在线出版领域的一个博客平台，reddit 将会成为在线社区的一个平台。那时这些看起来并不重要，但史蒂夫绝对是对的，而且我们很庆幸在这件事情上他赢了，因为那个决定最终促成了 reddit 的成功并打败了所有的竞争对手。除了这个简单的打分系统之外，reddit 还有一个法宝，那就是任何人都能在网络社区创建论坛，以便分享和讨论任何链接，范围可以覆盖从橄榄球联盟（/r/NFL）到柯基犬爱好者（/r/corgi）的各种话题。[①]我们把这两点结合在了一起，结果网站最终在全世界范围内备受欢迎。

我们也从本质上把同样的模式应用在网站的评论系统上，结果在那里诞生了互联网上最精彩的讨论。reddit 上线几个月后，我们就把评论系统加上了，现在我仍然记得史蒂夫匆忙开始建这个系统时说要带来“一些棒极了的东西”的承诺——好家伙，他还真的做到了。但愿有更多的人复制 reddit 的系统，这样我就不会在每次看 YouTube 视频并瞥到下面的评论时，

① 这不并代表说这两个社区是彼此兼容的。事实上，成为这两个社区的成员让我很自豪。

怀疑自己对人生的信念了。无论如何，我们的公司启动了，和其他的创业公司一样，用户只有我们自己。

有一天，我在弗吉尼亚大学奥尔德曼图书馆（Alderman Library）时，突然想到了reddit这个名字，比如人们会说“我在reddit上看到的”①，不过直到reddit上线的几周前我们才确定下来。那时候它差点成为reditt，幸运的是，我问了我的朋友梅利莎·戈尔茨坦（Melissa Goldstein）哪个名字更有“意义”。她做出了明智的选择，从那以后我也和reddit紧紧联系在一起了。谢谢你，梅利莎。

那时候我们考虑的很多备选的名字都很好笑，而且也有很多人提供了建议。要怪就得怪域名注册制度，就是因为它才导致了这么大一个难题（而且坦白地说，这也是浪费时间，特别是考虑到还有更重要的事要做，比如开发产品）。结果，我的收件箱里堆满了邮件，比如史蒂夫写的这一封：

> oobaloo.com 怎么样？我喜欢这个。

或者保罗·格雷厄姆的这封：

> 我喜欢 360scope.com。360 度视野就是全方位的视野，而不是像显微镜或望远镜，只在某一个方向达到极限。你可以想象一下，人们会这么说：“让我们去‘360 度视野’上看看吧。”

尽管如此，我还是没有改变主意。我也确实想要一个吉祥物。顺便说一句，我已经见过有些人把reddit小外星人的图案文在身上了，这些行为一直都让我惊叹，我希望他们不会后悔做这些事，不过这个小机器人还得赢得我的合伙人史蒂夫以及我们的首要投资人保罗的心才行。

---

① 我曾经希望人们有一天会和别人这么说，但是迄今为止，我不认为哪个人这么说过。就是这么回事。

发件人：保罗

日期：2005年6月22日，下午1点29分10秒，美国东部时间

收件人：史蒂夫·霍夫曼，亚历克西斯·奥海涅

抄送：杰西卡·利文斯顿

主题：网站原型

……另外，尽量把内容放到左上角。

人们就是为了看到这些而来的。再润色一下你们的 logo，然后再把登录按钮放在右边。

说实话，你们要不要考虑换个 logo……

如果你们真想把这个有问题的家伙放到页面上的话，那就把它放到底部吧，别放到顶部；这样它看起来就像个玩笑而不是一个品牌标志了。

保罗·格雷厄姆

不用说，我没有听保罗的建议。他人很棒，但也和我们一样，是个会犯错的普通人。尽管史蒂夫唠叨过几次，我还是坚决不改名字或吉祥物。除此之外，在那个节骨眼上，我们还有更多重要的事情需要讨论。

我们会拿着钢笔和笔记本电脑一起进行头脑风暴，然后我把讨论的内容放到 PaintShop Pro 5.0 上进行编辑，这样就能模仿页面的设计和布置了。有时候，我们甚至会讨论一些随机想到的、不可能很快就实现的想法。当然，我们只有一个开发人员，那就是史蒂夫，他负责所有技术上的事情。多亏有他，我信手涂鸦的东西确实变得有用了。今天，他已经成为这个行业里最受尊敬的开发者之一了，但那个时候他只是计算机科学专业领域的一个新人，几乎没有任何网站开发的经验。假如他当时在一个稳定的软件公司

里工作，那么他很有可能一直停留在初级水平。作为一名 CTO 就不同了，尽管这家公司只有两个人，他也有能力边做边学，我们也一样。

史蒂夫首次大量编写的网络代码是他的毕业论文。起初他一点也不懂数据库、用户体验设计或者可扩展性什么的，不过倒是在线阅读了足够多的资料，所以发现自己在网上就能学习编程。“我了解的所有与编程有关的事情都是在网上学到的，这就是现在的开发文化。以后可以通过互联网来学习编程，这有别于其他任何知识。”①

那样很有意义：互联网本来就是由程序员们建立起来的，所以程序员们再把互联网变成一个可以让人在线学习编程这门技术的肥沃土壤，一点都不稀奇。编程恰好也是这样一个领域：史蒂夫称之为世界上最有价值的职业。我完全同意。**并不是每个人都能够掌握编程技术，但是获得这种技能并利用它来独立自主地创建一些东西却变得越来越容易了。**我会在本书的第 4 章深入阐述这一点，而搜索引擎就是一个让你开始学习如何编写软件的最容易的地方（免费，立刻！），也是一个让你获得任何你想要创建下一个（插入你最喜欢的创业公司的名字）所需东西的最便捷的地方。等等，在你行动之前请先把这章读完，怎么样？

每天早上，我们都会听那个夏天的大热单曲，格温·史蒂芬妮（Gwen Stefani）的《*Hollaback Girl*》。我记不太清这是怎么开始的，但后来变成了我们的习惯。第一周我们都不怎么出门，而是经常玩《魔兽世界》来消遣。当我升到 60 级，也就是这个游戏最高一级的时候②，我退出账号不再玩，开始专注于探求创业生活中更为紧迫的问题。为了在网上做出点什么

① 这段话来自史蒂夫·霍夫曼的采访录音。

② 当时《魔兽世界》是 1～60 级的，所以 60 级就满级了，现在该游戏已经开放到 90 级。——译者注

来，我们不分昼夜地工作了大概一个月，听起来稍微有点尴尬。不过别忘了，LinkedIn 的创始人里德·霍夫曼（Reid Huffman）说过，**“如果你不为你发布的东西感到一点点尴尬，那就说明你等的时间太长了。它只需好到对人们有用就行了，此外并没有什么天大的秘密”**。你只需为一个实际问题创建一个最简单可行的解决方案。YC 的座右铭就是这样一个显而易见又极为有价值的目标：做人们想要的东西。

退回到 2005 年 6 月，那时我们认为自己拥有人们想要的东西，然而却没有用户。当你把任何自己创造出来的东西分享给全世界时，都要在一开始假设人们会对其不屑一顾。当然，也许你的妈妈很重视它（想得真美）。但是其他人需要确信的是，无论你做的是什么，这个东西都应该让人值得一看。用保罗·格雷厄姆的话来说就是：“返回键就是你的敌人。”这个有关在线发明创造的简单事例迫使我们去做一些能够引人注目的事情，同时也要尽可能地重视用户。

那么，如何在你还没有用户的时候，让他们去注意你这个“用户驱动型”的网站呢？自然而然地，你可以去“伪造”一些出来。在最初的几周里，史蒂夫和我就是这么做的——用不同的用户名提交一些推荐内容。当然，我们也找了朋友来帮忙，不过只有几个人承诺要帮助我们推进这项刚刚起步的事业。[①] 我们遭遇的首次流量猛增并非来自被“威逼利诱”的朋友们，而是多亏保罗·格雷厄姆写的一篇文章，影响到了首批 reddit 用户——就是那些既提交内容又有投票表决权的用户，并使我们真正开始启动。看起来人们的确在使用这个网站。也许我们终于做出了一些人们想要的东西。

---

① 康纳·多兰（Connor Dolan）和摩根·凯里（Morgan Carey），谢谢你们！

让用户看到你的热情

> 不要害怕让你的用户看到你的热情。这种热情要贯穿在你所做的任何一件事中，从设计网站到你回复电子邮件的方式，都要表现出来。

首个里程碑式的事件到来的那天，史蒂夫和我像普通人一样在看网页——不是在“伪造”内容。突然，有一大批并非出自我们之手的用户名出现了。毫无疑问，我们肯定把这些用户当作金子一样对待。这并不是说我们会把他们高高在上地供奉起来（最初的尝试令人沮丧），相反，我们清醒而警觉地回应任何公开或私下撰写有关 reddit 内容的人。比如，你写了一篇简短的博客条目，内容是与 reddit 有关的，以及你有多讨厌网站的吉祥物——幸运的是，这样的事并不经常发生。你可以打赌一定会收到我的评论以感谢你的反馈，并温和地告诉你这个小外星人不会哪儿都出现。不要害怕让你的用户看到你的热情。这种热情要贯穿在你所做的任何一件事中，从设计网站到你回复电子邮件的方式，都要表现出来。

直到今天，当我发现自己正在做的一些事是一般人不会去做的，我就知道这意味着什么了。**当你每天早上都带着一种做自己所爱之事的荣耀感醒来的时候，你就很容易表露出这种热情来。**

我仍然记得第一篇提到 reddit 的博客。文章的名字叫作《改变的方式》（*Changing Way*），作者是个名叫安德鲁（Andrew）的哥们。他一天的读者数可能还超不过 100 人，但我为此而激动不已。我照例在文后发表了评论。这已经成为我的例行公事，不管看到什么与 reddit 有关的东西，无论好坏，我都想评论一下。这篇提到 reddit 的博客最后产生的问题是，它被我感谢作者反馈的评论刷屏了。我还让史蒂夫也来评论这篇博客。安德鲁感谢我们的到访。我好奇他现在是否仍然在用 reddit……

7月4日是reddit上线后的首个“独立纪念日”，我决定从Google借用一个创意，为那天设计了一个特别的涂鸦logo。那个涂鸦看起来糟糕透了。

那时候我还没学会画矢量图，使用的工具是我在高中时期的过时软件。结果，庆祝纪念日的效果差强人意，不过这是我画过的数百个涂鸦里的第一个作品，后来连续好几个早上我都在涂鸦。

我发现涂鸦具有宣泄情绪的作用。比起我个人生活中的一团乱麻，这算是一项和谐、连贯又愉快的工作了。每天早上给妈妈打电话的时候，她都会和我讨论这个小外星人正在干什么。那块120×40像素大小的空间是一块画布，我用这种方式来让妈妈开心。网站的用户们也很喜欢它。其实我的涂鸦灵感是受他们启发，却不是为他们创作，而是为了我自己和妈妈。

我第一次用reddit的涂鸦logo来讲故事是在感恩节的前一周，一共持续了5天的时间，每天一个不同的logo。

开始的时候一切都很好。

你可能看出故事接下来要怎么发展了。注意到这个清教徒[①]变得有点瘦了吗？

象征丰收的羊角状容器画起来可比写出这个词难多了，尤其是里面根本没什么东西可装的。

现在，这个清教徒看起来相当瘦削。这时候，一个美洲印第安人给他提供了食物—— 一只火鸡！

现在这张表现的是印第安人的善良所得到的回报。这张涂鸦 logo 所要声明的是：天花毛毯[②]不是臆想出来的，而是经过深思熟虑之后送出去的。最长的一个系列的涂鸦我连续画了 30 天。整整一个月，我每天早上都在画，

① 清教徒，美洲大陆的初期移民。——译者注

② 这是一段有争议的历史。据称美洲原住民印第安人濒临灭绝的原因之一，是由于当时的欧洲移民故意让他们接触感染了天花病毒的毛毯。这种说法流传了几百年，但也有历史学家认为，欧洲移民的初衷是送礼物而非故意传播疾病。——译者注

通常是在吃过早饭之后，连邮件还没来得及查看就开始了。

直到今天，一些 reddit 的老用户们都还记得，有多享受网站初期那段每天登录都能看到小外星人在干嘛的日子。当然，我们是希望他们会因为超赞的内容而留在网站上，但是……总得一步一步来嘛。自从我不再全职为 reddit 工作之后，数以千计的各级话题页面已经在这个平台上蓬勃发展，网站的用户们为此重新打造了 logo 的风格。想要一个属于柯基狗爱好者们的社区吗？建一个就好啦！哦，对了，实际上这个社区已经存在了（/r/corgi），不过没关系，你还可以建一个更好的。不出所料，它会有一个非常讨人喜欢的柯基狗的 logo。看到现在这么多优秀的艺术高手们使用我们的平台，并且怀着对 reddit 创意的极大热情把他们的才华贡献到创建社区上，我感到自己实在不值得一提。

当你全身心投入到自己所喜欢的事情上时，奇迹就会发生。我曾经为自己组织过“媒体之旅”——我会给记者们发一封语气冷淡的邮件，说自己将会在市区停留一两个小时，这段时间可以跟他们见面。我差不多每个月都要乘风华巴士（Fung Wah）[①] 去纽约，然后一边不请自来地闯到朋友家的沙发上过夜，一边还在构思着如何把我们的故事讲出来。

每过一段时间，我都找出其间得票数最高的帖子，并把这个消息通过电子邮件告诉提交人，再给他送一个小礼物——小金外星人。不过，黄金太昂贵了，所以我就简单地附了一张金色小外星人的图像，看起来像个奖杯的样子，我还开玩笑说把它裱起来装在镜框里正合适）。

这些得奖的人中有一个是《纽约时报》的记者，但我们从未见过面。最近他给我写信说：“我在《纽约时报》工作的 17 年里，最喜欢的就是你

① 风华公交公司运营往返于波士顿和纽约的路线。——译者注

给我颁发小金外星人的那一刻。我把它当作珍贵的记忆保留在心中。从那时起，你和 reddit 就一路高歌猛进了。”

保罗说，作为创业者，你们一定要“敏思而笃行”，因为你们拥有的除自身之外的有利条件少之又少。保罗并不是唯一用橄榄球来打比喻的人，但他把一个好的创业公司创始人的足智多谋比作比赛中的跑卫[①]：“一个好的跑卫不仅仅要意志坚定，灵活性也同样重要。他们想到达前场，但也得随时改变计划以适应具体情况。”他说得对。不过我做的比这要更进一步，因为一个伟大的跑卫拿到球之后要不停地跑，这反映出人在面对逆境时所需的坚韧。**你必须比你的受众们投入更大的热情，就像我一样。如果你真的做到了，就会有回报。**

成功只需16个月

> 年轻人无须得到任何人的许可就能成功。你要做的就是去尝试，如果你不试，就永远不能成功。

事实证明，即使一整栋楼都是编辑，并且无论里面的人智商有多高、多么不知疲倦，也无法与 reddit 社区发现、创造的有趣内容并促进其传播的速度和效率相媲美。这使得 reddit 成为一个极其有价值的存在。接下来的事就都交给口碑了，我在广告上面花的钱从来不超过几百美元。对，我没写错，钱都花在不干胶贴纸上了。时至今日，你还能在波士顿看到这些贴纸。不过，现在它们作为一种成本低廉的方式来表达对用户的感谢。无论我是在演讲的时候亲手散发给听众，还是邮寄给那些发现了网站漏洞的用户们，这都已经是为了 reddit 发展壮大所采取的全部广告方式。感谢你，互联网！

① 跑卫是持球跑动进攻的球员，主要任务是凭力量、脚步和速度变化穿透对方防线推进，在某些情况下也会接传球推进。——译者注

这样的reddit足以引起康泰纳什集团的注意。该公司负责商业拓展的库罗什·卡雷克尼（Kourosh Karimkhany）发邮件给我，谈到软件授权的事。然后，距史蒂夫和我首次出现在马萨诸塞州仅16个月，康泰纳什就收购了reddit.com。之前我们只筹到了8.2万美元的资金，这些基本上足够支付房租、意大利面以及服务器的费用。在被收购的时候（金额保密，抱歉！），我们最大的开销就是在萨默维尔租的一套三居室，每月1 500美元的租金。在我写这本书的时候，reddit已经是全球排名前50的网站了，每月独立访客量6 500万，页面点击量超过20亿。用业内的说法就是，那是一个“吨量级”的数字。[①]

一路走来，我们经历过的、值得一提的故事积累了整整一本书，其中大部分都记录在我的博客上（AlexisOhanian.com）。在那里你会看到很多照片，我的图书编辑说在书里少放一点也无妨。现在就打开你的电脑开始看吧，直到心满意足为止。等你看完，我还在这儿等着你。

两个20多岁的年轻人无须得到任何人的许可就能成功——在这样一个世界里，我们的例子只是众多此类故事中的一个。如果你要创业，全部成本只有一张用来支付服务器费用的信用卡，而这个费用比你的手机话费还便宜。然后告诉父母，为了启动项目你得搬回家住几个月。我能给出的唯一且保证正确的建议就是，如果你不试，就永远不能成功。你不用询问任何人是否同意，当然也包括我。

---

① 假如你读这本书的时候，reddit变得更加受欢迎了，可能形成了一个属于它自己的在线城邦，那么就把以上这些话看成是风度翩翩的谦虚吧；如果情况正相反，它已经寂寂无闻，那你就边看边心领神会地嘲笑这本书有多过时吧！毕竟，我写这本书的初始章节时用的还是楔形文字。

WITHOUT THEIR PERMISSION

03

hipmunk，摆脱极端痛苦的状态

|抓住一切可能的机会|

为目标用户设计产品真的很难。大多数时候，人们根本不知道自己想要什么，直到你把东西摆在他们面前。

——史蒂夫·乔布斯

“亚当想叫它 Suckage，但那又飞不起来。”史蒂夫向我解释道。我们正在讨论我们即将发布的旅游搜索引擎的默认排序选项。那大约是在 2010 年 8 月中旬的时候，我刚加入这个团队才一周。hipmunk 的联合创始人兼 CEO 亚当·戈尔茨坦（Adam Goldstein）也是我们的朋友。我们就在他家的客厅里工作，晚上我睡在史蒂夫家的沙发上。这个关于搜索引擎的创意足够简单：让人们找到最有价值的航班，通过排序最大限度地简化航班搜索结果，依据的条件不只是价格，还要考虑降落的次数和飞行时间等。

距离上线还有几天，史蒂夫在一个在线词典上浏览所有“痛”（pain）的同义词，然后他发现了“极端痛苦”（agony）这个词。

极端痛苦。我们要把在线旅游搜索从极端痛苦中解放出来。

想到这层含义，我有一种无法用言语表达的愉悦感。亚当有点随意地为网站选了一个名字。他的女朋友明智地建议选择某种可爱动物名字的误拼（这对于一个亚历克西斯牌的吉祥物来说太完美了），而 hipmunk[①] 这个名字正在以一个很低的价格进行拍卖。于是亚当就用了。虽然我对此提出过异议，网站的名字最后也可能被定为“BouncePounce”，但是我认为亚当和史蒂夫那时候并没有意识到“极端痛苦”并使旅游从中解脱这个概念有多棒。我们误打误撞地为网站选了一个完美的名字，而这个品牌将成为在线旅游搜索市场的各个环节都令人心情愉悦的替代品。所以，当史蒂夫着手开发最终产品，亚当忙着推进所有网站发布相关事宜的时候，我正好抓住一切机会来建立 hipmunk 的品牌形象。

不过让我们先把思绪拉回到几个月之前，5 月份的时候，史蒂夫第一次通过邮件告诉我这个创意：

> 我们基本上是在做旅游搜索……这个创意没那么令人着迷，但是市场空间却相当大，而且这个领域里的那些大公司实在太差了。

史蒂夫从未做过销售员，但他一语中的。

我在洛杉矶看到了这个还没有名字的搜索网站原型，跟你用过的其他搜索引擎没什么区别，只是这个还很粗糙。不过史蒂夫说，他们已经尝试了几种不同的呈现数据的方式，目的是为了尽可能地对用户表现得友好。我信任他，不过回到布鲁克林后，我觉得他和亚当连一个具有最低可行性的产品[②] 都还远远没有做出来。

在我的印象中，搜索航班信息已经是一个有解决方案的问题了。这个方案对我来说已经足够好了，起码我坐在电脑前，只要打开的网页标签足够多，

① 花栗鼠（chipmunk）这个词去掉开头的字母 c。

② 或者像某些爱耍酷的小子们说的那样是“MVP”，即 Minimum Viable Product 的缩写。

不用麻烦我爸我也能找到一张飞往旧金山的机票。但是亚当明白，这个过程还能被优化得更好。要知道，亚当在大学的时候就意识到了订机票的问题。他得熟记从 AAL 到 ZRH 的所有机场代码，因为麻省理工学院辩论队要去世界各地进行比赛，每个人都需要订机票，他就负责这项费力不讨好的工作。他极其讨厌这件事，要厘清浏览器上这么多的搜索标签页面实在是太难了！从上百页搜索结果中辨认出最合适的航班这件事弄得他头昏脑涨，因为不仅要考虑各种代码共享航班，还要考虑航班之间的紧密关联度怎样，或者说都是在哪些机场进行可笑的中转。

如果找到一个合适的航班对于麻省理工学院的一名大学生来说都这么难，那么对于我们来说又怎样呢？话是这么说，但首要的问题是，亚当很难说服其他人这个解决方案有什么不同。这是发生在创业者身上很常见的情况，他尝试解决问题，但是人们往往没有意识到问题的存在。

直到你把更好的解决方案摆到大多数人（甚至是我）的面前时，他们才会明白过去的情况有多糟糕。这就是为什么任何互联网公司的创始人都要做这么一个超级有用的东西，有用到让每个人都奇怪在它没有出现之前人们是怎么生活的。

因此，毕业之后亚当就找到史蒂夫，请他和自己一起做这件事，不要提前退休。但史蒂夫听到这个想法之后显然并不热心。“我完全同意我们将要做的是一家非常好的公司,因为它跟人们的钱包密切相关，”史蒂夫说，“但是我讨厌旅行。这个行业对创业公司也太不友好了！”

不过，史蒂夫很快就意识到，这个充满敌意的市场正是我们尝试用智能创新对其进行颠覆的完美理由。因为旅游业急需高质量的解决方案。史蒂夫说：“没有人考虑消费者真正需要的是什么。”紧接着，他和亚当就开始着手进行这项改革旅游搜索的事业了。

他们申请进入 YC，在史蒂夫创业故事的帮助下，他们毫不费力地成功入驻了。有些人问过我，为什么史蒂夫会牺牲一大部分股权第二次进入 YC 孵化器，而且还是在比第一次更有经验、更有社会关系，甚至更有钱的情况下？正像我告诉这些人的那样，史蒂夫并不是傻子。如果他认为一件事不值得做，那他就不会去做。所以他就又去 YC 了，这个娃娃脸的资深创业老人又要在每周的晚饭时分出现了（你会在第 5 章看到更多详情）。又过了一个月，我发现自己回到了史蒂夫家的沙发上，而他也有一些新的东西能给我看了。

啊哈！这就是那种发明了！如果我不是亲眼看到的话，还意识不到没它不行呢。它太棒了！所有的搜索结果都以一种相当漂亮的可视化布局方式呈现出来，看起来像我在欧洲徒步旅行时见过的某种火车时刻表，而且全部显示在一个网页上！无须更多地滚动搜索结果页面。你可以很容易地对航班进行比较，重复的会跟那些没人想搭乘的一起自动隐藏起来。啊，因为打开很多浏览器标签是一件令人讨厌的事，史蒂夫和亚当就把标签页内置到了网站上。你可以立即打开一个新的标签，并在数秒之内对行程表进行对比，所有操作都在一个窗口里完成。一切都棒极了，而且很有实际意义。这才是你要做这件事的原因。不要给我讲故事，直接把它拿给我看。

距离网站发布还有不到一周的时候，我们仍然有很多事要做。我们连网站的名字都还没想好呢，也没有可爱的吉祥物。我们计划的一部分是要设计一个讨人喜欢的啮齿类动物当吉祥物，名字就叫 hipmunk，因为那样我们就能告诉人们它就是“花栗鼠（chipmunk）这个词去掉字母 c”，说得好像它真的跟旅游搜索有关系似的。无可否认，我第一次听到这个名字时，还以为这是一个剃光了头、穿着橙黄色长袍耍酷的家伙呢。为了安全起见，我们也注册了 hipmonk.com 这个域名，只不过从来没有想过要把我们的业务也拓展到减少剃度仪式痛苦的领域中去。

我开始着手品牌设计的事。有趣的是，我在寻找使用哪种字体的灵感时把红皮队 logo 的字体扒下来了，至少是一种很相似的名为“毕达哥拉斯”的字体，取自古希腊一位数学家的名字。这种字体小写时很好看，直到现在 hipmunk 仍然使用这种字体。

我也想把为 hipmunk 吉祥物画的第一批草图都放到一起。我真的很为这个梨形身材的小花栗鼠感到骄傲。它有两颗露在外面的大门牙，戴着一条漂亮的飞行员围巾和一双护目镜，向两边张开双臂假装是在飞。我把第一稿设计图发给了我的女朋友，我的女神萨布莉亚（Sabriya）说它看起来像个长龅牙的小熊。至少，我的龅牙是长对了。

别到处讲我长龅牙这件事啊，我还得维护自己的形象呢。

每当我进行设计的时候，无论是为了品牌还是用户体验，一直都依靠一小群值得信赖的朋友，他们总能用新奇的目光看待这个项目，并给我坦率的意见。对于我来说，这样做更有价值，我成功的可能性也更大，这似乎与一个人接收到的建设性的批评数量成反比，并不是意见越多越好。直接拒绝那些只会附和别人的好好先生们吧，我是被他们那种吞吞吐吐、颤抖着的声音吓到了。所有这些朋友都是我的动力，也是我的灵感来源。

根据我的女神萨布莉亚的说法，这只小花栗鼠的身体还需要有点轻微的倾斜度，这样它就能有一种表现欢乐的表情和动作的完美触感。当史蒂夫的妻子走进房间看到我的电脑显示器时，她的直接反应就是一声清晰可闻的“噢”，这时候我就知道这个设计完成了。

我把最终版本发给我的爸爸，他表示很喜欢，还说："第一次看到时我就比较喜欢护目镜和飞行员围巾，我在《飞鼠洛基》（*Rocky the Flying Squirrel*）上见过这样的装束。"

是的。谢谢你，爸爸。我依稀记得自己在孩童时代看过这部卡通动画片的重播。这种相似性并非故意，而是来自于我的潜意识，只能说明我们都站在巨人，或巨型啮齿动物的肩膀上。

靠近用户的钱包

> 在 reddit 的时候，我们靠广告盈利。但在 hipmunk，我们希望能够从客户的每笔交易中获利，我们要靠近用户的钱包。

与 reddit 完全不同的是，hipmunk 没有任何用户产生的内容；网站的价值取决于我们如何展示那些由航空公司和宾馆提供的内容。那时候，我们只需要航班信息（记住，最低可行性产品），但也不能只是简单地从航空公司的网站上把数据抓取下来（从本质上来说，抓取数据就是用软件"读"信息，并从其他网站上复制过来）。最重要的是，每当有用户在 hipmunk 的帮助下买到一张机票后，我们都想从中获得收益。

这给我们上了很重要的一课：正像人们常说的，我们想“靠近用户的钱包”。在 reddit 的时候，我们离用户的钱包很远，网站主要靠广告盈利，但是从 hipmunk 发布的第一天起，我们就完全接近用户的钱包了，这得益于亚当所做的一些令人难以置信的推进工作。

如果没有来自航空公司的机票价格，我们就不能启动。只靠数据本身并不能产生价值，因为它们只是让网站可以具备相应的功能，然而商业交易从网站发布的第一天起就将产生收益——hipmunk 将从每一张通过我们网站预订的机票中抽取提成。hipmunk 上的或我们竞争对手网站上的每一张机票提成都是与航线运营商或者 OTA 谈判的结果。这些谈判可能会持续几个月，甚至几年，这很简单，只是我们没那么多时间。如果我们想要在 YC 规定的时间框架内发布的话，那么从网站开始构建到发布的全部时间就只有三个月。我们得“死磕”某个人了，因为这将验证我们业务的有效性，并且能帮助我们接近其他潜在的合作伙伴。社会认同在商务拓展中的作用与你在为自己公司融资过程中的作用没什么不同。如果还没有人跟你展开合作的话，那么就更没有人想跟你合作了。这是一种糟糕透顶的困境，与史蒂夫和我发布 reddit 时遇到的挑战很相似。那时候，reddit 就只有我们两个用户，同时还在尝试鼓励人们在上面建立社区。这些通过伪造用户名就能很容易地做到，要比雇演员来扮成过去的商业合作伙伴容易得多。**打破这个社会认同怪圈的方法就是专注于商业拓展，不停地努力，就像亚当做的那样。**

这项工作的开始方式足够直白，就是打电话和发邮件。亚当彬彬有礼，说话直切要害，但是无人回应。

在发现没收到理想的效果之后，亚当并没有被动地等待别人的同意。他直接登上了飞机。

没有任何事先计划的会面，亚当就直接搭上了从洛杉矶飞往芝加哥的航班。在芝加哥降落后，他造访了Orbitz，我们的OTA合作目标之一。亚当说自己现在有点空余时间可以快速喝杯咖啡聊一下，终于，有人同意了。他用自己随身携带的笔记本电脑对网站进行了一个快速的展示，让对方看到自己和史蒂夫做的东西。那次努力是让我们能如期发布hipmunk的第一笔关键的交易。然后，由于有了社会认同，我们就能好好利用之前专门跟我们作对的从众效应了。我们也许已经在洛杉矶有了一个小小的开局，不过更重要的是，我们有了一个客户需要的产品，或者说至少有了一个客户。

亚当后来发现，这次特别的交易是相当偶然的，因为我们现在为用户提供来自多家航空公司的海量票价数据。通过传达想直接进行合作的意向，我们可以接近其中任何一家公司——我们可以拿到更高的佣金，而航空公司支付的钱也比付给Orbitz的少。这样每个人都很开心——也许Orbitz不开心，但那不是他们能决定的事。就这样，亚当用他自己的方式一路搞定了美国国内的航空公司，然后是国外的，又搞定了国内的宾馆，然后是国外的，等等。成功之路就这样一直延伸下去，而这一切全部始于一次飞机旅程和一杯咖啡。

在第2章，与保罗·格雷厄姆喝的一杯重要的咖啡改变了我们的生活。而在第5章，还会有一杯关键的咖啡。所以，我希望这本书如果不能带给你别的收获，至少可以鼓励你走出家门，多喝咖啡[①]。

---

① 现在你知道我投资CraftCoffee.com（一家工艺咖啡订购公司）一个很重要的理由是什么了吧？

亚当受到的所有辩论技巧训练都在航空公司的会议室和 OTA 高管那里派上了用场。他用各种令人印象深刻的办法走进这些公司的大门，比如乘坐最后一分钟的航班，或者给他们的员工留言说自己只会在市区停留很短的时间。一旦他最终踏进这些公司的大门，有些还是美国最大的航空公司和 OTA，他总能找到管事的人。

不用说，与投资者建立联系并拥有自己的人际关系网用处极大，但不要仅仅指望这些。我们在 hipmunk 有很多出色的投资人和顾问，但是当与美国联合航空公司（Unite Airlines，美联航）谈判的时候，亚当还是单枪匹马搞定了，他又用了电子邮件这个办法。自从发布 hipmunk 以来，我们从航空公司的社区那里获得了难以置信的积极反馈，并且很快就成为网站早期用户群心中的至爱。这帮助我们得到更多的媒体关注，进而又能鼓励更多的人去用 hipmunk，这些人不可避免地会在社交媒体上讨论使用经历，这样又会进一步地促使媒体更多的关注，而且这个循环会一直持续下去。很快，亚当意识到他已经在幕后做了足够的铺垫，是时候试着写一封语气冷淡的邮件给美联航的 CEO 杰夫·斯米谢克（Jeff Smisek）了。

我将在第 5 章里深入讨论这些，不过现在请注意一下亚当发给杰夫的这封邮件的内容和长度：

> 你好，我们可以降低你的销售成本，告诉我应该找谁谈这件事。

15 分钟后，亚当就收到了回信，其中包括对公司一名高管的介绍，接下来的整个过程一直到与美联航达成合作都很顺利。当时的美联航可是世界上最大的航空公司（基于目的地的数量排名）。

合作协议的最终完成花了差不多一年的时间，而它的起源就是亚当大胆发给美联航 CEO 的那封直截了当的邮件。hipmunk 是有关坚持不懈的价值的一个非常棒的例子，因为旅游这个行业如此变幻莫测，到处都充斥着裁员、兼并、促销和混乱。一个人必须足够顽强和坚韧才能生存下来。你现在建立起联系的这个人，可能在协议书上的墨水还没干的时候就到另外一家公司去了，或者已经不干这行了。

然而，亚当的方法成功了，而且知道这种方法对于不断变化着的旅游业都有可能成功，也给了我向几乎所有其他行业进军的希望。

我们这边有亚当·戈尔茨坦，一个麻省理工学院的神童（天呐，我在跟每一位记者介绍 hipmunk 时一定都说过这些），他能记住所有的机场代码，还从不接受“不”这个答案；我们设计了巧妙又漂亮的用户界面，还有一个能让人“噢！”的一声惊叹出来的吉祥物。但如果没有合作伙伴的话，我们就不能开展业务。首个合作伙伴是最难得到的，就好像你在橄榄球比赛中第一次发起进攻，不过一旦你得到了，那么就会让你更有信心和动力去找到更多的合作伙伴。

我只能脑补一下亚当跟多少个前台秘书甜言蜜语的情形。这提醒了我，**要带着巧克力去，因为赢得一线业务人员的心关系重大，要好好对待那些善待你的人。**这种战术从来没让我失望过，只是带给我更多的惊喜。

社交媒体战胜传统媒体

> 人们利用社交媒体在互联网的平台上分享自己的经历，而互联网又让世界上的每个人都能相互联系起来，这些彼此联系的人，就是社交媒体的受众。

当然了，史蒂夫在 reddit 之前已经发布过一个网站，只是那时候没人去浏览而已。所有由实际操作经验带来的优势会令我们失去作为一个新手而拥有的天真和无畏。当你们还是默默无闻的时候，在马萨诸塞州梅德福发布一个“新型社交新闻网站”时，可能除了你的妈妈，没有人对你寄予厚望。你可能会失败 1 000 次，甚至还没人知道，所以你为什么还犹豫要不要发布自己的产品呢？

2010 年的时候，史蒂夫·霍夫曼已经是一个闻名业内的开发者了，而且就像你从第 2 章中得知的那样，正因为有了史蒂夫，reddit 才获得了巨大的成功，而且这种成功仍在持续。他的第二次努力会失败吗？

发布 hipmunk 的那天早上，史蒂夫告诉我他想吐。

幸运的是，网站的发布很成功。5 年的时间里发生了很多变化。发布 reddit 的时候，我花了一个月的时间引起美国主流媒体的关注，而现在 CNN 在 hipmunk 发布后的 24 小时内就联系到了我们。这次发布的场面十分壮观，史蒂夫也没有吐出来。

我花在广告费上的钱从来没超过几千美元。在 hipmunk 的案例中，我们最终在从旧金山去其他城市的路上竖了一个广告牌，问候疲惫的旅行者，并让他们知道还有另一种可以让他们从极端痛苦的旅游搜索中解放出来的选择。

结果，甚至连户外广告行业也被像 ADstruc 这样的创新者给颠覆了，而正好是后者促成了我们之间的合作。当一个创意置身于一个公平竞争的市场上时，比如在互联网上，获得你的前 100 个用户并不需要多大的广告预算。或者，在 reddit 的案例中，你的月用户量首次达到 6 500 万也不用花多少广告费。

想想吧，什么样的超级碗（Super Bowl）广告会让你去注册 Facebook

呢？相比之下，社交媒体轻而易举地就打败了传统媒体，因为人们正用它在互联网的平台上分享自己的经历，而互联网又让世界上的每个人都能相互联系起来，这些彼此相联的人，就是社交媒体的受众。诚然，社交媒体产生的噪声多过信号，但是一大批像 reddit 这样的工具正在兴起，可以帮助我们把有用的信息解析出来，并找到我们正在寻找或者偶然碰到的最好的内容。

口碑一直都是最强有力的广告形式，而相比以前现在有更多的人能听到了。在上述社交网站出现之前，能对人们产生影响的谈话大多发生在办公室的饮水机旁边或者晚饭的餐桌上，而现在这些谈论传播的范围更广，速度也更快了。这对于任何想做点人们需要的东西，并能很好地将其表达出来的人来说是一个好的预兆——但是如果你的产品很烂的话，那这就是一个坏消息了，因为除了给商业改进局（Better Business Bureau，这是一个骗局，对吧？）[①] 写一封毫无作用的投诉信之外，现在我们还能随时在互联网上与其他不开心的用户们一起吐槽你的产品，而这个负面效应的雪球很快就会越滚越大。到那时候，任何一个人都无能为力，只能眼睁睁地看着。

因此，从很大程度上来说，在 2010 年发布 hipmunk 比在 2005 年发布 reddit 要容易得多了。这一切都要感谢 reddit 以及类似的网站，正是它们形成了一个可供数百万人在上面分享并发现新鲜事物的平台。

另外，**与很多科技媒体人保持联系也绝对是你的一大笔财富。**很多科技加速器都可以给你提供这些媒体资源，不过拥有这些资源不是它们的必需条件。

① 这个机构被诟病形同虚设，不能解决根本问题。——译者注

如今，有这么多人相互关联又彼此分享，因此对于那些无论在何种程度上都新鲜有用的东西来说，想要被人忽视几乎是不可能的。我会在第5章对此进行全面剖析，媒体是无所不在的。顺便说一句，reddit为促使上述状况的发生贡献了很大一部分力量，而且极大地惠及了hipmunk的发布。这真是一个很长远、很长远的计划！

我曾经问过一名国内的记者是怎么知道我们的，她说是在Hacker News上看到的。[①]媒体从我们这里得到可报道的故事。时代精神从来没有如此明显过，因此报道我们正在为之奋斗的事业是非常有价值的。

这个成功的故事相当典型。**创建一些人们需要的东西，再向全世界发布出来，忍住呕吐，然后看看事情会怎样发展。**

hipmunk发布几个月之后，我们的一个主要竞争对手Kayak向美国证券交易委员会提交S-1文件。这没什么。它是我们众多竞争对手中的一个，当年的总收入已经达到1.28亿美元，而且正在寻求另一轮5 000万美元的融资，这其实不重要。我们开始竞争根本无须任何人的认同，当然也包括他们。我们只是简单地构建了一种更好的旅游搜索体验，而且坚信可以通过更胜一筹的执行力打败他们。

就在发布几个月后，Kayak无意间帮了我们的忙。在一个重要的旅游峰会上，Kayak的CEO被问及hipmunk。他声称："我发现他们的虚张声势令人耳目一新，他们的产品没什么值得注意的……互联网是一条繁忙的高速公路。我希望他们最后不会落得一个惨被碾轧的下场。"他帮的这个忙大得不能再大了。亚当上台的时候，很机灵地利用了这句话。他宣布道："我是亚当·戈尔茨坦，hipmunk的CEO，就是刚才Kayak的CEO不停谈到的那

① News.YCombinator.com，是一个专门报道创业公司的"reddit"。

家创业公司。”

互联网上，一家位于洛杉矶公寓且只有三名员工的新创公司立刻进入了一个公平竞争的市场，对手是一个年收益上亿美元且即将上市的公司。我们能赢。网站所有的投资者也都把赌注押在我们这边。

这是一个好的时代，这是一个坏的时代

> 无论是创造产品，还是提供服务，永远都要对你自己所做的事情投入热情，而且是很多很多热情。

在 hipmunk 做了一年多的营销和社区建设工作之后（我基本上都是在自己纽约的公寓里做的），我转换成顾问的角色，同时也在寻找一个常驻洛杉矶的人来接替我的工作。那时我还没有意识到时机正好。由于没有全职工作的压力，我把注意力转向了我自己的社会企业 Breadpig，又和出版社签约写这本书。

我从 hipmunk 退出后的那一年，《福布斯》杂志称我是“互联网市长”。接着，当我发起的“互联网 2012 巴士之旅”（Internet 2012 Bus Tour）活动结束之后，BuzzFeed 也加入了《福布斯》的行列，报道说我在竞选“互联网总统”。而且我两次进入《福布斯》评选的“30 位 30 岁以下创业者”（30 under 30）名单。如今，我站在 30 岁的门口打量那些仍然只有 22 岁的年轻人，有点羡慕，不过更多的是敬畏和赞叹。他们比我和史蒂夫在 22 岁的时候做出的成就更大。现在的我有更多事情要做，不过在 hipmunk 还能迅猛发展的时代，我能看着并力所能及地去帮助这些年轻人，也是一件很有乐趣的事。

hipmunk 不仅在业务上突飞猛进，公司本身也在不断发展壮大。在写这

本书的时候，hipmunk 刚刚完成了 B 轮融资，员工也达到 30 人，并搬到了洛杉矶的新办公室。而我则继续在传播有关 hipmunk 小花栗鼠的消息，给激动的粉丝分发行李牌。hipmunk 正在进行一项伟大的事业，我对它迄今做到的所有事都感到无比自豪，而且毫无疑问会一直自豪下去。我们将会遭遇什么事，或者我们所投身的事业将会走向何方？我们对此一无所知。这就是生活，因互联网而加速向前。

这是一个好的时代，也是一个坏的时代，你一定要敏思而笃行。无论是创造产品，还是提供服务，永远都要对你自己所做的事情投入热情，而且是很多、很多、很多的热情……

WITHOUT THEIR PERMISSION

04
做人们喜欢的产品
|一边试错，一边成长|

我有一个伟大的创意……

——**每个人**

有关创意的真相是：创意不值钱。这听起来可能有点令人难以接受，不过根据我的经验，执行力才是一切。

你可能在想："如果有人偷我的创意怎么办？"相信我，大部分人没有闲心去偷你的创意，然后创办一家公司；即便有，能否在执行力上胜过竞争对手还是得取决于你自己。从发布的第一天起，你就要面对竞争这回事，所以你最好从现在就开始了解它。

创始人往往会过度醉心于如何完善他们的创意以至于根本不想告诉别人。然后，当他们正式发布的时候，就突然将自己置于这样一种境地：不得不将这个宝贵的创意告诉任何乐意倾听的人。

展示产品所造成的影响更甚于讲述。事实上，无论你是跟顾问谈，还是跟潜在投资者或者客户谈，这些讨论在产品原型做出来之前其实都不那么有价值。你需要有点确实可以跟人讲、可以进行测试的东西。一个好的投资者或者顾问的工作就是消化并吸收这些东西，然后问你一些犀利的问题。这不是要让你难堪，而是要看你到底是怎么想的，然后再帮忙分析和判断该行业当前的形势，以便让你进入下一个步骤。

自从与史蒂夫共同创建了reddit又开创了更多公司后，我已经投资了60多家科技公司，并借助自己在YC的角色为100多家公司提供过咨询。这让我在看待不同创业情境时拥有了一种颇具价值的洞察力。所有的情境都可以作为活生生的经验和教训——这些公司中有些已经被收购，而另一些则已经解散；有一些持续繁荣发展，另一些则仍然在寻找属于自己的路。

这些公司在一件事情上具有共同点，那就是，从某种程度上说，它们都“围绕着一个中心点旋转”。至少这是对现在很流行的“失败然后调整”[①]理念的一种委婉的说法。不管怎么称呼这种现象，初期阶段的公司必然会在创业过程中不断改变他们的想法。这种改变可能是戏剧化的——比如转入一个完全不相干的领域，或者做一个全新的产品，也可能是很微妙的。无论用哪种方式，都可能使一家只成立了几个月的公司在一年之后面目全非。所以，在这个阶段，我们的投资在很大程度上是投资“人”，原因就是我之前所说的“创意不值钱”。另外一个原因是，不要跟你的创意结婚过一辈子，无论它们看起来有多完美都不要这么做。

史蒂夫在reddit之前想到的那个点子，我的移动菜单（My Mobile Menu）之所以出现，是因为他讨厌即使在走进餐馆之前已经知道要吃什么，还得排队点餐。史蒂夫认为他找到了一个现代生活中令人恼火的问题的解决方案，然而大多数人都不认同这一点。[②]所以我们得再找另一个需要解决的问题。我们最后瞄准了“人们想知道世界上一直在发生什么事情”的这

① 类似于现在人们常说的“适应性创新”的概念，更多相关内容可参见《适应性创新》一书，本书简体中文版已由湛庐文化策划，浙江人民出版社出版。——编者注

② 事实证明，史蒂夫只是超前于他的时代。现在，多亏了几乎无处不在的智能手机，相当一批应用都旨在解决“我的移动菜单”所想解决的问题。其中我投资的一个应用叫作OrderAhead，尽管已经过了10年，我仍然希望它能验证史蒂夫的想法。

种渴望，还有一种失败感，就是当人们面对不停更新的互联网首页时，发现不能在同一个页面上看到所有最值得看的信息。接下来发生的事你都知道了，我们现在建立起了自己的受众群。

简彦豪（Justin Kan）和爱米特·希尔（Emmett Shear）是我们在 YC 夏季班时认识的好朋友。当谷歌发表基于网络的日历产品（Google Calendar）时，他们把自己做网络日历应用的公司 Kiko.com 以 25.81 万美元的价格卖了出去（仅在 eBay 上拍卖）。谷歌产品的一体化与 Gmail 的关系太紧密了，以至于谷歌的信息出现在 Kiko 的信息墙上，但是 Kiko 团队及其从无畏惧的创始人把这次出售当成了一次转型的机会。他们把卖得的钱回馈给了投资者，并开始一心投入 Justin.tv 的研发当中。Justin.tv 目前仍然是世界上领先的视频直播公司。在创业初期，身边拥有一群可靠又能干的人比拥有一个好创意要强不知道多少倍。你跟合伙人的关系更应该是共同经营公司，而不仅仅是停留在讨论想法的阶段。选一个好的合伙人真的有点像找对的另一半结婚，只不过没有性关系罢了——尽管我也听说过有创业夫妻档，这种合伙的关系真的很像婚姻。

识别真正的需求

> 怎样才能做出人们真正需要的产品？首先要从一个实际存在的问题着手，一个无论对你来说还是对别人来说都是问题的问题。

互联网行业变幻无常又残酷无情，和你的妈妈可不一样——除非你的妈妈也是这样的，否则你还是应该比你的对手更胜一筹。注意力的持续时间很短，而且点一下鼠标总会出现一只萌猫的视频把人吸引过去。那意味着你做的东西得更加引人注目。所以，除非你已经做出了人们真正需要的产品，不然人们一转身就会忘了你，更别提还会回来了。

我见过太多创业公司的创始人自己都拥有一个了不起的想法，然后又把这个想法硬生生地变成一个解决方案并希望人们会接受。对于我来说，这条路比首先识别出真正的问题所在，然后再尽量简洁地进行解决要难多了。

更要命的是，有些创始人没有能力做出什么东西来，只是单纯地进行头脑风暴并在他们自己空空如也的脑海里计划着去山寨别人的产品。请现在就去找到你的客户，然后跟他们谈。他们是不是只是跟你客套呢？记住，大多数人都不喜欢给出负面的坦诚的意见。那种积极的、可以让你的想法得到强化的反馈并没有实际意义，直到有人真的掏钱给你，或者有感兴趣的访客登录你的网站。

那么，你怎样才能做出人们真正需要的东西来呢？首先要从一个实际存在的问题着手。

显然，这对于你来说是一个问题，但是还要确保对于别人来说也同样是个问题。关键是人们有时候意识不到问题的存在。而且，仅仅告诉他们“你遇到了一个问题”通常只会引起这样的回应：“哦，我觉得现在挺好的呀。”正因为这种墨守成规的思维一直存在，人类才是惯性的生物。当现状足够好的时候，要说服别人接受你的想法真的很难。而当你把一个更好的解决方案摆在同一个人面前时，这种现状突然就变得不可忍受了。

这就是真真切切发生在 hipmunk 身上的事情。在网站发布之前，与亚当和史蒂夫交谈过的人中几乎没人认为他们在搜索航班时存在问题。他们把搜索航班时遇到的繁琐流程都当作理所当然——在无数糟糕的航班中进行筛选，打开一大堆乱七八糟的浏览器标签页，为了找到最佳的行程计划而在其间反复跳转。hipmunk 发布之后，消费者才看到我们能“免除痛苦”的备选方案，对比之后才意识到之前那种方式有多么糟糕。

毋庸置疑，你已经遭遇过那种让你崩溃的产品和服务了。手边要常备一个笔记本（我推荐数字产品，不过其他的也行），记下任何令你感到烦扰的问题。这是一个好机会，你会从这些笔记里发现商机。

记住，正是当初亚当给麻省理工学院辩论队订机票的糟糕经历刺激他开创了 hipmunk，因为他觉得一定有更好的在线搜索航班的办法。相似的是，Airbnb 也是这样诞生的，其创始人需要支付房租，并意识到有很多人也会给自己的空余房间付钱。

因此，许多成功的公司都是这样开始的：创始人遇到了一个问题，接着他们找到了解决办法。一家公司不必非得以这种方式开始，但这是最容易着手的地方。做你正在用的东西，最好还是付费的。我们在 reddit 和 hipmunk 的时候就是这么做的，hipmunk 甚至在还没诞生时就已经有商业模式了。

还有一种开始的方式，就是有一个除了创始人自己之外，别人都不能真正做出来的创意。这种技术层面的成就在你的竞争对手面前竖立起了一道天然的屏障：记住，你每解决一个难题都会为任何一个想复制你想法的人设置巨大的障碍。某些问题还没有被解决，是因为没有足够聪明的人来改变现状。看看谷歌，拉里·佩奇（Larry Page）和谢尔盖·布林（Sergey Brin）在创业之初就已经有足够的技术能力建立这个网站，而大多数其他人却没有。那个时候，极少有人聪明到可以创建自己的搜索引擎，更不用说还能把爬虫软件和排序算法附加到引擎上，从而渗透整个万维网了。

此外，还有第三条路线：考虑一个根植于未来远景的创意，但其他人却由于看不到其中的潜能而错失机会。克里斯·迪克森（Chris Dixon）是我的朋友兼创业伙伴。他在描述这种创业路径的极端形式时说道："下一个大事件的开端看起来就像是在玩游戏。"其中的一个例子就是 Kickstarter。它的第一个项目是 Drawing for Dollars，只是低调地寻求 20 美元的资助，但最终却以筹到 35 美元而告终，三个资助者买了一名来自长岛市（Long Island City）的艺术家的作品。不到三年后，有一个团队同样也在 Kickstarter 这个平台上通过预售一款名叫 Pebble 的、未来感十足的智能手表而筹到了 1 000 万美元。很多人都为某件事的实现而贡献自己的力量，这种想法其实不算新颖，但是 Kickstarter 团队借助互联网的力量使数百万人同时促成一件事的这种方式肯定是创新，与传统的投资人都局限在某个小圈子里完全不同。

了解你想要颠覆的行业

> 你的产品不能只是为自己和同辈们创建，而是要瞄准更大的市场，所以在行动之前，请先去实地了解你想要颠覆的这个行业。

你一旦发现了某个问题，这个问题可能就会诱使你立刻尝试着手解决。但是你首先需要做好功课，也就是要进行研究。

我曾经投资的一家名叫 ELaCarte 的公司制作了一个软件，可以让饭店的消费者在餐桌边就把账结了。这家公司的创始人是麻省理工学院的优秀毕业生拉杰·苏里（Raj Suri），他真的想弄清楚自己投身的这个行业到底是怎样的。当他第一次跟我说起这个创业想法的时候，他用一个工程师特有的谨慎言辞解释说，自己找了一份服务生的工作。一个麻省理工学院的博士当服务生？那一天，我这颗曾在必胜客当过服务生的小心脏膨胀了三倍。

我不能告诉你，有多少人在他当时所处的情况下，会在真正了解市场行情之前创业。的确，不与你的潜在用户交谈也能很容易地解决问题，但问题是你的产品不能只是为自己和同辈们创建，而是要瞄准更大的市场。拉杰选择从键盘后面走出来，在动手做之前去实地了解自己要颠覆的这个行业。

RentHop 是一家在 YC 孵化的创业公司，被认为随时都可能成为租房界的 hipmunk。它需要更多的关爱。面对臭名昭著且浩如烟海的纽约房屋租赁信息，公司两位技术才华出众的创始人发明了许多聪明的方法从中筛选出最佳房源。RentHop 的创建始于其中一名创始人李·林（Lee Lin）的租房经历，过程令人崩溃到他自己最后拿到了一个房地产经纪资质证书，目的就是为了从房东和租客双方面来了解这个行业。

如果你不想真正了解你志在颠覆的这个行业，那也不用费心创业了。有行业经验不仅对于构建伟大的产品和优质服务来说是无价之宝，而且还能让投资人看到一个成功的创始人需要具备的献身精神。

三个月内将概念变成产品

> 三个月是一个创意从概念转变成真正产品的合理时间段。如果你所需的时间超出了三个月，要么是你在追求不可能实现的完美，要么就是存在着其他更严重的问题。

一旦你看出一个确实存在的问题，同时又做了一番研究之后，那就开始尝试用尽可能简捷的方法来解决它。第一个版本肯定会让你觉得难堪。因此，“最低可行性产品”已经成为创业领域司空见惯的术语。只要用尽可能简捷的方法来解决问题然后发布就行啦。

这个过程可能比你预想的时间要短。YC 的每一期孵化都被设计成只有三个月的时间，因为保罗就想把它做成一个暑期的项目，这样学生们就能在公司发展顺利的情况下决定是否抽出一部分在校时间来专注创业。三个月恰巧也是一个创意从概念转变成真正产品的合理时间段。如果你所需的时间超出了三个月，要么是你太想做到完美了（永远也不可能做到完美的程度，所以别费心了），要么就是存在其他更严重的问题。

reddit 的第一个版本简单得可笑，没有投票功能，也完全没有评论，更不能创造二级话题页面。它只是一个很简单的地方，供人们提交内容链接，并以点击量为基础，看这些链接的位置在网站首页上上下下地浮动。新用户只能看到一个全是有趣内容链接的首页，并且可以点击。

hipmunk 在发布的时候只是一个单纯的航班搜索网站（没有宾馆和租车等信息），是一个显而易见的准系统，尚未完善。由于亚当一直在努力地与在线旅游代理公司进行谈判，我们才能不仅提供航班信息，还能在有参照的情况下收取佣金。hipmunk 从第一天起就开始赚钱了，所以投资者一直对我们笑脸相迎。

还要谨记：Airbnb，就是那个拥有比整个希尔顿酒店集团更多房间的网站，是从一个位于洛杉矶索玛居住区[①]的单身公寓开始的。创始人最早做网站的时候，把自己家里的充气垫出租给那些想省钱的参会人员。

当你的公司和产品都开始运转的时候，就要把相关消息放出去，然后看别人是怎么谈论你做的东西的。这才是关键所在。当看到第一批用户登录并试用你的产品时，你会有一种难以置信的满足感。这就是我为什么无

① 洛杉矶南市场地区（SOMA，South of Market）的简称，西北为市场街、东北为旧金山湾、西南为美国国道 101。

法鼓励太多的学生，只是为了体验这种全世界的人们都能使用他们的产品的感觉而创业的原因。与沉闷的学校作业相比，通过创造既相关又有用的产品进行学习也会获得意想不到的收获。

如果你已经有点什么想法可以展示出来给人们看的话，那就要利用数量不断增长又可以让人们分享你的想法的工具。2005 年我们发布 reddit 的时候，“社交媒体”这个词还没有出现。仅仅过了 5 年，hipmunk 的发布就容易得多了，因为那时让人们能够传播自己所关心事物的工具已经空前繁荣。

口口相传一直是最有力的广告形式，而且传播的速度和范围也都远甚于以往任何时候。做人们需要的产品，然后人们会自己把它找出来。如果你没有获得人们的注意，很简单，那就意味着你没有解决核心问题，而这个核心问题才是能引起人们注意的关键。不过没关系，找出人们正在用的东西就行啦！然后再跟你的用户们去谈，就是前 100 来个用户。这些人愿意尝试自己从来没有听说过的产品，是你的黄金用户。要珍视他们。对于他们遇到的任何问题，都应该从根本上解决。

也许你的产品中最精华的那个版本将会直接燃起你心中对自己所做事情的极大热情。比其他任何人都要付出更多心血，因为除此之外一家创业公司别无其他更多的追求了。除非创始人和员工都确定更在乎其他东西，而不太在乎竞争。那样的话，事情就完全不同了。

学会写代码

> 当你在互联网上开发产品或服务时，能做的最有价值的事就是自己学习如何写代码。

万维网最伟大的均等化效果之一就是在线开办公司的成本每天都在降

低。你的地址就是一个 URL。假如某人有一个位于全球任意地点的无防火墙浏览器，那么他很容易就能从网上获悉你的创意，与其他人一样。你制作蓝莓玛芬蛋糕的手艺可能在市中心首屈一指，但是如果你的蛋糕房的位置不好，那么一切都没有意义了。重点是位置、位置、位置，对吧?

记住，在网上，所有的链接或地址都是被平等地创造出来的。注册一个使用期限一年的域名大约需要花费 10 美元。

你所需的最大一笔投资就是你的时间。如果你已经是一名网站开发者了，那就假装这是一个“风险岔路口”，然后直接翻到本书的第 93 页，因为你已经越过接下来要说的这个环节了。

好吧，既然开发者们已经跳过这个环节了……

事情是这样的。在互联网上，开发者掌权。别忘了，如果开发者不用请求别人许可的话，那么他们就能只专注创造本身。如果你想做一个网站而又不是技术开发者，你可能特别想尝试自己学习开发。现在，你也许在想"等等，我雇一个就行了，对不对？”你当然可以，但是在发展中国家，对开发者的需求要远远大于供应，而且这种情况看起来不会很快改变。我认识很多极客都会为了人道主义而重复工作，而距他们的孩子长大到可以编程的年龄还有好多年呢。

那么采用外包的方式怎么样？我从来没有试过。因为如果出了什么问题的话（一定会出的），无论是在美国东部时间的凌晨 3 时或者是下午 3 时，我都得知道我的 CTO 是否醒着、愿不愿意从床上起来，然后二话不说地去解决问题。如果你不是跟大洋彼岸的那个人关系很铁又是一起工作的好伙伴，那么你永远都不要期望对方会和你一样投入那么大的精力。

也就是说，我曾经看到有创业公司成功地做出了最低可行性产品，有一定用户，也能吸引眼球，不过最终还是在摆脱了一个不靠谱的首席技术官之后重组了。我也见过完全把业务外包出去的创业公司，通过选一个可靠的人再围绕他建一个强大的团队，确实让公司维持了数年的扩张和增长。

坦白地说，**当你在互联网上开发产品或服务时，能做的最有价值的事就是自己学习如何写代码**。即便是你到最后也没有写出什么产品来，你学到的这种开发技能也能在以后派上大用处。此外，软件开发这一行业目前没有任何衰退的迹象，因为在未来任何有开关的东西都需要配置软件。

还有一个好消息！所有伟大的开发人员主要都是自学成才的，这要归功于互联网上大量可以免费获得的学习资源！

是的。只要你有一台电脑，能上网，也有时间，那就可以坐在家里学习一门最有发展前景的技能。

可供选择的方式多种多样，这里我给大家建议三个途径，前两个网站是我投资的，原因是我很看好这种在线教育的方式。

- http://Codecademy.com
- http://GeneralAssemb.ly
- http://RailsForZombies.org（我没有投资这个网站，不过它非常棒。）

一旦理解了一个网站是怎么创建出来的，以及用户体验是怎么设计出来的，那么你看待网站的方式就不同了。网站开发涵盖从字体选择到按钮布局，再到屏幕副本的所有事情。要留心那些给你启发的优秀设计，还要把这类设计的列表与我曾经鼓励你写过的那种能带来恼人体验的设计列表区分开来。这样，你就会开始把每一种坏的在线体验都当成是创新的机会。

科技加速器目前已经成为推动创业公司加速创新的普遍模式，这一切都要极大地归功于YC的成功。不是所有加速器在创建的时候都地位平等，即便是入驻了YC也不代表成功就有保障了。幸运的是，由于互联网创业的成本持续下降，创业公司获得资助的机会也在不断增加。

赢得每一位用户的心

> 如果你没有让用户感到愉快，也没有提供参考或者给人以启发，那么你做的事情就没有意义。

赢得每一位用户的心不仅对你的产品来说很重要，对你做的任何事情来说都很重要——每封电子邮件，你网站上的所有副本，甚至还有你的名片。你需要使每个人都关心你正在做的事情。直到今天，每当创作或设计什么东西的时候，包括这本书，我都会这样提醒自己。如果我没有让你感到愉快，也没有提供参考或者给你启发，那么我做的这些有什么意义呢？我需要赢得你的关注。

现在你知道为什么这本书里会有那些涂鸦了吧！

为用户制造惊喜和快乐

> 许多人都是通过设计得很漂亮的硬件与互联网进行交互，但不管这些硬件设计得多么出色，你自己倾注的智慧和心血都是机器无法比拟的。

你要制造出惊喜和欢乐。当然，我现在强求你达到这个水平有点早了。

在做出人们需要的东西之前，你在创业过程中遭遇的所有事情都微不足道。一旦你得到别人的关注，那就说明是时候该去想办法把用户（客户或捐助者）都变成你的产品的热心宣讲者了。你需要把自己在创建公司和社区的过程中使用过的所有方法做一个全方位的分析，这样不仅能使人们理解你所做这一切的原因，也能把它们变成最好的广告。

有一次，我在一家纽约的创业公司 General Assembly 给科技领域的创业者们讲授创业技巧，但是在卖出去 6 节课之后，我意识到我得想办法把这些技巧教给更多的人。于是就有了这部分内容！

无论你在创建一个品牌的时候是以社区为核心，比如 reddit；还是以设计为中心，比如 hipmunk；又或者是以社交关系为核心，比如 Breadpig，有件事一定要心中有数：**对于你自己投身的事业，你有多大的热情真的很重要**。我们许多人都是通过设计得很漂亮的硬件与互联网进行交互，但这些硬件设计得再出色，也不过是机器而已。机器要想通过做点什么特殊的事来给人惊喜，还有很长的路要走，因为它首先得长出一颗跟人类一样聪明的大脑才行。此事关系重大，短期内不可能发生，所以你自己倾注的智慧和心血仍然是机器无法比拟的。你写的错误提示信息很可能与我之前遇到的和以后将会遇到的成千上万其他提示是一样的——那就让它表现得与众不同吧：让它听起来像是你的品牌独有的。比如，当我误把比起飞日期还要早的到达日期提交到 hipmunk 上时，会出现如下错误提示信息：

我们暂不支持穿越到过去的旅行。

想一想这短短十几个字所能传达出来的含义吧。与看到“错误：无效日期”相比，你得到了这样一个有点恶搞性质的回复，可能还会有点忍俊不禁。这就是史蒂夫顺手设计的，因为他就想这样做，而且也不用提交报告解决问题什么的。这样的确与众不同。我经常看到人们在网上对着这个错误提示信息“咯咯”笑。这只是 hipmunk 表现出与众不同的一个例子，还有许多其他的例子。这些例子在 hipmunk 上算不上新鲜的，但是对于那些在构建产品和服务的同时，确实又对终端用户感兴趣的新一代公司来说，却是很罕见的。

这种对用户体验的麻木到底有多糟糕呢？对比一下就知道。

我的朋友谢家华（Tony Hsieh）也是一个被《*Business Plus*》杂志报道过的作家。他在自己的畅销书作品《三双鞋》（*Delivering Happiness*）中总结了核心的两点：卓越的客户服务对于扎珀斯（Zappos）[①] 来说至关重要，对于你的公司也应该是至关重要的。想想看吧，如果随处可见的 CEO 们听说你的服务之后都这么感叹：“哇！真是一个革命性的想法，我们也应该对自己的顾客好一点！”这说明你的公司怎么样呢？

这里蕴藏着属于创业公司的一个巨大机会，也是另一个为什么现在是最佳创业时机的理由：当今社会的太多守门人仍然没有搞明白互联网是怎么回事。他们中的大多数人可能永远都不会上网，因为他们不是在线长大的一代。创始人，把互联网知识变成你的优势吧！

与此同时，我也肯定会为一些不明白如何优化用户体验的公司做顾问，告诉他们要么改变，要么失败。我们将看到哪些公司确实听明白了这句话，不过说真的，每个人都有希望做出改变。

美国最招人骂的机构国家税务局（Internal Revenue Service，IRS）无意间证明了这一点。在 2010 年，洛杉矶一对夫妇收到了来自 IRS 的一封信，

① 一家在线零售商，后被亚马逊以 8.47 亿美元的价格收购。谢家华是扎珀斯的创始人和前 CEO。——译者注

扫描之后放到了网上。我很乐意跟大家分享其中最精华的一部分内容：

> 我们已经看过了您的信件，内容涉及向您的账户收取罚金一事。您的解释是："在抚养孩子的最初几个月里，大人们的脑子里一片混乱。"基于此，我们决定取消所有的罚金，共计 2 522 美元的罚金，全部不必再缴纳。

是的，改变真的发生了。不仅像 IRS 这样一个讨人厌的机构都有自主权创意性地改善服务，连这对夫妇也没有预料到这种变化在一个互相连接的世界里会造成怎样的影响。10 年前，这种好事可能不会降临到这对夫妇头上，也许走运的是别的家庭。然而以后，可能会有好几十个或者上百个人都这么幸运。

我是怎么找到这个故事的呢？因为它被提交到了 reddit 网站上进行投票，也在 Twitter 和 Facebook 等网站广为传播，你们的父母或许正在笨拙地使用邮件发送这个故事。数以百万计的人们在网上看到了这封信，并受到影响。身处官僚体系中的某些人，比如为 IRS 写信的人们，有了足够多的想象力、主动性和人道主义关怀，来免除一项 2 522 美元的罚金，这在维护 IRS 声誉方面的效果是花几百万美元去做广告所永远无法达到的。

想象一下吧，如果出现这样的超级碗广告："国税局爱你——真的！4 月 15 日见！"这可能吗？

这个世界上不会有那么多会说话的壁虎，也没有那么多给 Old Spice 男士护理品做广告的家伙，会去真诚地劝人们相信 IRS 真的关心每一位公民。然而，这样一封信的确可能赢得一些人的心。既然 IRS 都能做出改变，你为什么不能呢？

忽视你的竞争者

> 你的竞争对手不会打败你。要么你先打败自己，要么你的竞争对手因为你而打败他自己。

这件事我和史蒂夫在 reddit 发布后不久就明白了。如果在 reddit 发布之前，我能读到这样一本书就好了。

2005 年 7 月 11 日，我给史蒂夫发了一封邮件，标题只有 4 个字："看看这个"，内容只有 5 个字和一个链接：

www.digg.com

遇见对手了。

第二天，我注册了 Digg，想看看我们遇到的对手究竟长什么样。史蒂夫和我在构想 reddit 的时候，并没有做一个全面彻底的竞争分析，结果这却变成了一种运气，因为在创建网站的那几周里，我们没有让任何事情影响自己的判断力。在新闻投票网站这个领域，令很多创业公司失败的原因就是它们基本都复制了 Digg——而且，每个复制者最后都像 Digg 一样失败了。然而，那时候我们并不知道事情将会怎样发展。我只知道在可预见的未来我得一直回答"你们跟 Digg 有什么不同"的问题。幸运的是，虽然我们花了更长的时间才赢得人们的关注，但是我们建立起来的是一个从根本上与众不同的平台。

2004 年 12 月，Digg 上线，那时该网站的创始人凯文·罗斯（Kevin Rose）在他与别人联合主持的电视节目《*The Screen Savers*》上进行了宣传。他那时候没有说 Digg 是自己的网站，但事实就是如此。突然间，我们就面临竞争了，而且是由一个利用自己的平台对 Digg 进行宣传的准社会名流发起的，他还筹到了一轮融资。

与此同时，两个刚从大学毕业的无名小卒带了只够买意大利面的 1.2 万美元，也在致力于类似的问题。我喜欢这种对比。

我们自然而然地向 reddit 的主要投资人保罗·格雷厄姆提到了 Digg，他提出的一些建议直到今天看来还很明智，同时也是必不可少的：Digg 不会打败我们。要么我们自己先打败自己，要么他们由于我们而打败他们自己。

如果你的创意正在解决一个很有趣的问题，或者刚刚成功，那么竞争总会存在的。在互联网这个创意的市场上，变数之大可谓翻天覆地，新人在很短的时间内就能获得极大的成功，而既存者也会迅速衰落。一名创业者应该更关心哪个后起之秀动了自己的奶酪，而不是关心当前市场上的主导者，但无论是哪种情况，你都不必总是回头看自己的竞争者，因为这样你会发现自己放松了警惕，陷入了不停地自我重复和原地踏步，而不是创新和前进。

我们一直在改进 reddit，而 Digg 则一直失误。两个网站的价值都在于社区的创建以及由此诞生的所有优秀内容。史蒂夫和我意识到了这一点，于是我们做出的每个技术和商业上的决定都是以此为核心，但 Digg 并非如此。

那也就是说，其他人花了更长的时间才意识到这一点。早在 2008 年，当时 TechCrunch 上的科技博客作者埃里克·斯科菲尔德（Erick Schonfeld）就写道："很明显，Digg 的冬天到了。"他称我们之间的鸿沟是"非常难以逾越的"。有那么一刻让我终生难忘，那时离 reddit 的流量超过 Digg 并使之黯然失色还有几年。2009 年，当凯文·罗斯在台上现场表演的时候，有一个人把一件手工做的 reddit 图案 T 恤扔到了他脚下。他捡起来，并展示给观众看。接着，他打了个在上面擤鼻涕的手势，就把衣服扔掉了。非常好！

距他往 reddit T 恤上擤鼻涕仅一年后，reddit 就让 Digg 不再挡路而是靠边站了。我们所做的就是忽视它——Digg 很快就因为自己的失误而自顾不暇，网站的受欢迎程度也开始下降。直到今天，reddit 仍然在高歌猛进，但是没有人为此而洋洋自得。现在，我们面临的竞争要比之前更大更广，因为我们正在为争取网络上每个人的注意力而战。最首要的优势就是你没有跟在任何一个人的背后亦步亦趋，不过正像我说的，需要担心的竞争应该是来自即将出现的新秀。说到这儿，如果你正在读这本书，也正在创建一个能够颠覆 reddit 的公司，请告诉我一声，这样我就知道我的书又帮助了一名创业者，至少会感到一点安慰。

差评才有用

> 记下对于你的产品不好的反馈，只有那些差评才是特别有用的。

在被收购的那个辉煌日子远未到来之前，我们就已经很感恩 YC 了，在戏剧性地被拒之后还能被带进他们这个独一无二的孵化项目中来。这个由保罗掌舵的项目是面向关键开发者的，而他也是这个行业里真正举足轻重的人物。我是这个项目中仅有的两名“非技术创业者”之一。尽管在高中和大学有过编程的经验，我在公司里却把时间都投入到“除此之外的每一件事”上了，但这种说法遭到了相当大的质疑。关于此，有一则由来已久的笑话，以至于史蒂夫不得不一直在 YC 的例会上保持忍耐：“亚历克西斯是干什么的？”有个顾问有一次无意间听到我说德语（我说得很熟练，因为我妈妈是德裔美国人）并跟史蒂夫谈起这件事时说：“‘亚历克西斯’还是在德语里听起来更聪明一点。”

我不觉得我这个名字在英语里听起来就很蠢。幸运的是，作为一个从小就伴着“亚历克西斯”这个名字长大的家伙，我很快就意识到，那些最没自信的人才会贬低和欺负别人。当被别人贬低的时候，我那些回敬别人的话在小学就已经用完了，所以现在只好坦然接受了。

reddit 上线之后，我把那些特别差的反馈都记了下来。讨厌 reddit 的人不太多，但是那些差评倒是真的特别有用。我把其中最尖酸刻薄、最负面的评价全都打印出来，在我桌子旁边制作了一面“负能量强化墙”。我引用的话来自那些说我们没做任何创新也没有任何机会的人—— 一个特别聪明的批评者把“夏季创业者项目”（Summer Founders Program）的名字改成了“夏季瞎折腾项目”（Summer Flounders Program）。毕竟，我们是从 YC 里启动的第一家创业公司，因此尽管没有那么多人听说过由保罗·格雷厄姆及其合伙人共同运营的这个项目，但他们也确实让这些人的目光直接聚集到我们身上了。所有的这些差评我都很喜欢，越莫名其妙的越好。我就是想知道到底是哪些人最后会被我证明他们是错的。

最令我受激励的那一刻在 reddit 发布几个月后到来了。保罗曾经在我们首个创业课程结束之后组织过一次晚宴，我正好幸运地坐在了谷歌“特别倡议”（special initiatives）主管克里斯·萨卡（Chris Sacca）身边，于是我们赶忙抓住机会促成了与谷歌的会面——这一举措还有点战略意义。我们谈得很愉快，而克里斯也愿意史蒂夫和我下次有机会的时候去山景城拜访他们。成功！而当我们与谷歌的人会面之后，发现他们似乎也正在谨慎地跟雅虎（Yahoo!）做些计划。我不确定你现在看这本书的时候雅虎的股价怎么样，不过在2005年的时候，这家公司正在积极地收购那些既年轻又积极拥抱新兴技术的团队，比如del.icio.us和Flickr。

我们与谷歌的会面进行得非常顺利。我们见了很多人，甚至最后还得到了一个收购的邀约，不过我们拒绝了。没有什么比拒绝一个收购邀约更能让我们自信心爆棚的了，特别是这个邀约来自如此富有极客精神的谷歌，不过同时我们也觉得害怕，因为我们不想后悔。

去雅虎的情形就不同了。在结束了山景城的愉快会面之后，我们到桑尼维尔去跟雅虎的人聊天。简言之，我们给他们的印象不太深刻。

我们向雅虎的人进行了展示，并且谈了我们的流量——我承认那时这些的确没那么令人印象深刻。我们的公司刚成立几个月，而且只有两个人，不过我们仍然希望雅虎能像谷歌一样看到我们的发展前景。

主持会议的那个家伙忽然莫名其妙地说："相比雅虎！你们就像一个四舍五入的计算误差。"

他就这么直截了当地说了出来，口气中带着一种深深的降尊纡贵感。也许这只是一种奇怪的谈判策略，但是那句话之后，整个会议的形势急转直下。后来，我们很快就离开了，冲着金属乐队（Metallica）的混音CD大发脾气，并把租来的车送回了旧金山。回到波士顿，我又重新打印了一张纸贴到墙上当主要装饰品，上面写着5个大字：

你不是误差。

这5个字至今仍在激励我。而雅虎那个主管也仍在硅谷工作，依旧在像我这样的创业者心中燃起奋进的小火苗——我希望如此。

总会变好的?

当用户数量增长不如预期或根本不增长时，很多创始人都会陷入“总会变好的”这样一种心态。情况确实可能变好，但前提是你得先开始解决问题。

并不是所有的创业公司都会“向上向右”[①]发展。大部分公司永远也享受不到这种级别的增长，reddit当然也没有过。相反，当用户（客户）数量增长或其他各类的增长不如你期望得快，或者根本不增长，甚至更坏的情况是开始下降的时候，留给你的时间将只有几周。后一类情况发生时，正是你鞭策自己的团队采取行动改进的最好时机，但是除此之外的其他情况都是很有诱惑性的，因为很多创始人都会陷入“总会变好的”这样一种心态。情况确实可能变好，但前提是你得先开始解决问题。

从哪里开始着手比较好呢？客户。用户。就是那些你想要说服去关注你的产品的人。

记住，局外人始终是局外人，所以当你做不成下一个Facebook的时候，不要失望，而是应该觉得高兴，因为你自己的公司能用一种优雅的方案解决真实存在的问题，还赢得了一个原本服务质量低下的市场。投资人想知道不管情况有多差，他们都能得到回报，而且也会意识到马克·扎克伯格不是每天都能出现的。（谢天谢地，不然马克同学就有身份认同危机了——至少埃及已经有一个名叫“Facebook”的小朋友了。）

传统说来，经验在科技行业的作用被低估了，因为我们已经看惯这个行业里少年得志的神话。那也就是说，如果我再重做一遍reddit，对很多事情的处理方式就会更聪明。幸好史蒂夫和我把这些经验应用到了hipmunk上。

① 流量变化图表上追踪指数增长线的方向。

举例来说，那时候我花了很多心思考虑怎么设计名片。事实上，我仍然还保留着最初在 reddit 时使用的名片，后来看到吓了一跳。我的 Photoshop 技能是自学的，效果就是这样了。还有，我也不明白史蒂夫和我为什么都选了“总监”（director）的头衔。

鉴于不知道目前的电话号码是谁在用，所以进行了遮挡。

太过关注诸如名片之类的无足轻重的东西也凸显出我做的另一个更大的决定，那就是我把更多的权力让渡给了更有才华的人，也就是通常人们所说的授权，这些人对于团队的成长来说更加重要。

雇用最合适的人

> 对于一家初创公司来说，你上过哪所学校远远没有你实际都做过些什么重要，因为大家都是在边做边学。

当一家创业公司还在你脑海里的时候，它就已经启动了。你可能会自己创建这家公司，或者聘请一些朋友过来帮助你。无论是作为共同创始人还是员工，你的第一批团队成员都会对你的公司命运带来巨大的影响。

你不可能带领一个涣散的团队成功，所以要雇用一些聪明人，而且要快。总的来说，一名员工身上最理想的品质就是："满怀热情。"我听一些同行有过不同的说法，但是你应该聘请为自己的工作感到骄傲的人。无论是程序开发人员还是销售人员，假如他们对公司的使命以及自己的工作不感兴趣的话，那么你和你的团队都将遭受痛苦。

创业公司对于他们来说几乎是一穷二白的。他们开始的时候不为人知，人手不足，资金也不足。那就意味着，像早期人员招聘这样的决定就变成了最最优先的事情。你知道，在解决某个具体问题时，你的那种绝对专注要超过其他任何人，这就是你最大的优势。而较大的公司则不会投入这么大的专注力，也不会激发出像创业公司那样富有激情的职业道德。这也是另一个不值得太过关注竞争的理由，因为你其实并不太了解那些可能动你奶酪的人。

为了公司顺利启动，我列了一些要问潜在应聘者的问题：

- 你做过什么事？最让我感兴趣的是你在工作之外做成过哪些事情。
- 你面试的是X职位，但是你觉得做Y职位的工作怎么样？只不过后者几乎跟前者毫无关联。
- 是什么最吸引你在一家创业公司工作？
- 假如你的生命还剩最后一周，你会怎么做？假设我已经批准给你一周的假了。
- 你学到的最后一件觉得很棒的事是什么？
- 如果为了生存你可以做任何一件自己想做的事情，你会做什么事呢？

○ 你的图腾是什么？[①]

对于面试来说，并没有一个完美的提问清单，但是我每次都问的问题就是上述第一个：你做过什么事？我宁愿看到一个人创造出点好东西来证明自己，而不是看到一个出色的成绩平均分（GPA）来为他做注释。在创业公司里，GTD（把事情都做完）比GPA重要得多。对于一家尚处于早期阶段的公司来说，你上过哪所学校远远没有你实际做过些什么重要，因为大家都是在边做边学。事实上，初始阶段的一名优秀员工所拥有的特质堪比一位创始人。如果你已经证明了自己的创造力和工作自豪感，那么我还需要知道你在文化层面的契合度。《星球大战》和《星际迷航》，你更热爱哪一个？这样一来，不用知道一个人学的专业是什么，我就已经做出雇用与否的决定了，因为我知道他之前做过些什么以及在现在的团队里能做什么。[②]

如果你曾经有过与一支精英团队愉快共事的经历，你就会知道其中有什么特别之处。如果没有的话，你也会知道一盘散沙是什么状态。后者很糟糕。

所以，你真正想给自己的团队找些什么样的人呢？在YC的早期阶段，保罗·格雷厄姆曾经问自己的团队成员，每个申请入驻的创业者都是怎么展示自己“野性”一面的。以下是我们在申请书里对此进行的回应：

> 野性？我们差不多是一个狂野动物园了……史蒂夫通常会为了手

① 图腾，spirit animal，直译是精神动物。在非基督教的其他宗教系统里存在，一种精神动物或者图腾意味着你应该学到的或者已经具备的特点或技能。说什么事或什么人是你的精神动物，那也就是说，这个人或者这种东西就是你或者你想成为的那种人的代表。——译者注

② 优秀的人在气质上彼此相通，而且共同合作的话会释放出更大的能量，比单打独斗强得多，就像战神金刚一样。

头的编程工作而加班修改那些烦人的bug，尽管并不是非得这么做（也就是说没有加班费）。在学校的时候，史蒂夫经常帮助那些计算机专业的朋友们做作业一直到深夜……

提到设计，亚历克西斯简直是不把每个像素都校准就不休息——“睡眠被剥夺”就是他的现状，如果我们一起工作的话，他会喝咖啡以确保自己睡得最晚，起得最早。

有人真心在乎自己所做的事情，有人则不在乎，与这两种不同的人一起工作差别很大，相应的结果不仅会出现在他们所做的工作之中，也会出现在你们之间的每一次交流和互动中。你肯定也跟那些散漫的人一起共事过，所以就更不要指望他们会对工作有什么自豪感了。这种情况很令人讨厌，如果是发生在你自己的公司里，那就是百害而无一利。

不惧投资人的否定

虽然可能有投资界的领袖人物告诉你：“你的创意不可行。”但是并没有什么能阻止你来证明他们错了。

在跟创业者们喝了几百杯或者几千杯咖啡之后，我逐渐对一些有趣的趋势有所了解了。而且，尽管我绝不是一个完美的投资人，但也能清醒地辨别出正在“做大餐”的创业者们身上出现的信号。

从根本上来说，作为一名投资者，我有点害怕。与人身安全无关，而是害怕当一名创业者想要在全宇宙放个大招出来时，我却没有投资帮他。到底是什么吓到了我呢？就是这种类型的创业者告诉我一个产品已经引起人们极大关注的那一刻：流量、营收，或者最理想的状态就是两者兼有。

我现在仍然会在工作时间跨越整个纽约去和创业者们喝咖啡，甚至在自己去全球各地的旅途中，跟他们在各种各样的咖啡馆约谈，因为我想回馈这种帮了我大忙的创业精神聚集地。另外我也有私心：作为一名投资者，我想建立一种声誉，就像那些除了支票簿之外，还能给寻找资金的创业公司带来更多东西的人一样。尽管价值 20 分钟的咖啡馆创业咨询和潜在投资可以帮我建立声誉，然而真正能说明开放互联网是一个非凡之地的理由却是：它没有守门人，也就是没有准入门槛。

我或者其他行业内领袖式的人物可能都告诉过你，说你的创意不可行。但是并没有什么能阻止你来证明我们是错误的。这本书的编辑就是一个守门人式的角色，尽管他的品位无可挑剔且颇具人格魅力，但我还是成功地说服他接受了我的建议。但是互联网创新并没有守门人，唯一的屏障就是网络连接、一台电脑和你自己。

你还在等什么呢？开始创业吧！而当你确定自己的产品就是人们需要的东西的时候，我来告诉你如何利用互联网这个世界上最大的舞台。

游说别人接受你的想法

> 如果你想让一个陌生人对自己正在做的事情感兴趣，你最好自己先感兴趣。

你性格内向？是迈尔斯或布里格斯告诉你的吗？他俩说的都不对。那些备受商学院推崇的迈尔斯-布里格斯（Myers-Briggs）性格分类法测试题被公认是有缺陷的。事实上，有研究已证明，当人们第二次进行测试的时候，多达 50% 的人会被归到另外一种不同的性格类型中去，哪怕距第一次测试只隔了 5 周时间。你当然可以去做这个测试，但请把它当成占星术来对待。尽管每个人都会有性格倾向，但我并不相信我们会受限于这些类型条框。

在 YC 仅仅几个月的时间里，我就见证过性格的改变。这种改变可以让创业者在众人面前或者在观点碰撞的时候表现自我（以练习为主）。这也是为什么 YC 坚持要创业者们每周二聚在一起吃晚饭并且互相交流的原因。这一做法产生了两个效果：

- 首先，它帮助创业者们练习重要的演示技巧；
- 其次，它还让创业者们在这种氛围中深感惭愧。

这样他们每周都得做出点新东西来。如果你每天都看到同样的创业者，每天都问他“你在做什么”的问题，可能不会得到理想的答案，因为昨天才问过同样的问题。然而如果一周之后你再问，他还是说不出个子丑寅卯来的话，那就很能说明问题了。

开始游说别人接受你的想法吧！可以先拿你的猫练手，它们可是出了名的难以打动。电梯游说就是一个很好的标准说服模式：你最好在短短几分钟之内，只用几句既有吸引力又容易理解的话，就能向别人介绍清楚自己的公司——这段时间恰好开始于你和可能改变自己人生的那个关键人物共同走进电梯的那一秒，然后在对方出电梯之前被你成功说服的那个瞬间结束。

如果你想让一个陌生人对自己正在做的事情感兴趣，那么你最好首先自己感兴趣。说得真诚点，不要像一个推销员似的，还要尽可能地削减词语数量，直到其中几乎没有行业术语为止。在向那些高管们解释的时候，要把他们看成是只有 5 岁的孩子。

留下会说话的活动广告牌

> 当你递给别人一件T恤衫时，你其实是在请求对方为你做广告。如果你不赋予T恤衫一些价值，那么它最终可能只会被埋在衣柜里或者装进捐赠袋。

不知道什么原因，我最近才知道“swag”这个词是首字母缩写，尽管有时候它被随意地叫成“schwag”。“swag”的意思是“人人都有的东西”。如果你在参加一个会议，那么你可能需要带一个大手提袋，里面装满衬衫、别针、减压球等数不清的东西。然后这些东西的名字就开始变成缩写，因为它们对于我们来说没什么大的价值。如果我们人人都有某件东西，那么这件东西就没什么稀奇的。现在T恤衫和贴纸随处可见，所以我就拿T恤衫来打比方说明一下吧。

当你递给别人一件T恤衫时，你其实是在请求对方为你做广告——别人把自己的身体贡献出来，把你的品牌穿在身上，大多数人都会认为自己是在帮你的忙，即使帮忙的方式只是允许你的T恤衫递过来。事实是，他们就是在帮你的忙。

为什么在T恤衫已经变成非正式场合着装那么多年之后，我们还是紧紧抓住不肯丢掉它们呢？因为情怀。如果你不赋予T恤衫一些价值，那么它最终可能只会被埋在衣柜里或者装进捐赠袋。一个被人们信任的品牌是有价值的，但是如果你对自己的品牌毫无感情可言，那么任何一个可能成为你的“活动广告牌”的人也都不会对此感兴趣。

所以，请赋予这些谁都有的寻常之物一点人们想要的价值吧。想让人们变成你品牌的传播者非常困难，所以别因为一件糟糕的T恤衫而让他们生气。一旦这件衣服穿在身上感觉还不错，那就物有所值了。我会腼腆地告诉那些想要T恤衫的人去“证明你有多爱（插入任何产品的名称）”。或者，对于那些已经进行过证明的用户们（通过大量有用的反馈信息或者其他行动进行证明），我会把能体现情怀的 T 恤衫作为礼物进行赠送，给他们一个惊喜。

如果这件事你做好了的话，在别人问及这件 T 恤衫的时候，你的用户们就有故事可讲了，而这个故事正是源自于你输出的品牌价值观。到了这个时候，你就有品牌布道者了。这个布道者会把你的品牌价值传递出去，并且会因为别人使用你的竞争对手的产品而感到遗憾，从而想说服对方改变主意转而使用你的产品。这样一个人远比高速公路旁边竖起来的广告牌有价值多了，因为他这么做不是为了钱，而是出于发自内心的热情。

有一个好消息：如果你想做一个人们喜欢的产品、服务或者创意，那么这种方式会令你受益无穷。你应该坚定不移地施行一些举措来鼓励你的支持者传播口碑。但是对于那些无法满足用户需要又不尊重用户的人和公司来说，要把这个好消息变成现实还真是一项无比艰巨的任务。互联网将对他们做出最终的审判，因为万维网正在将世界变平。只要所有链接都是被平等地创造出来，那么我们就拥有了一个全球性的公平竞争平台，创意在这里得以传到四面八方。

WITHOUT THEIR PERMISSION

05

增长是唯一重要的事

|与投资者的博弈|

创业公司就是为快速增长而生的……唯一重要的就是增长。我们与创业公司发生的任何其他事情都紧随增长而来。

——保罗·格雷厄姆，“创业公司=增长”博文

YC的创始人保罗·格雷厄姆确信创业公司的核心属性是增长，这一理念是创业公司与其他类型的商业形态本质上的区别。无论一家蛋糕店有多么成功都不是创业公司，因为它受店面、玛芬蛋糕和雇员所限，而这些增长都需要时间和资本。我爱玛芬蛋糕，不过令一家创业公司脱颖而出可跟开蛋糕店不一样，创业公司可以呈现指数级增长，也就是说，它可能呈曲棍球球棒式增长、向上向右增长以及“天哪”式的惊人增长——好吧，我做到了最后一种。这一切都拜软件所赐。写出可以解决真正问题的代码，并从中获得收益。这样一来，投资者就会乐意给你的公司投资了，尽管这家公司现在还只有两名在起居室里办公的创始人，不过他们知道一年之后，这家创业公司可能会雇用50个人，收益数百万。这是我们的赌注。

对于投资者来说，公司的增长率就是晴雨表。要时刻记住，理想的增长率是用收益来衡量的，不过另一个足够好的典型替代衡量标准就是活跃用户。在你创建的事物真正吸引人之前，你都应该规律性地检查这个增长率，很有可能每周都得查。不要只计算过去7天里增加了多少新注册的用户，还要计算这周比上周增长了多少用户。按照 YC 的说法，创业公司早期的增长率应该在每周 5%~7% 左右。如果公司的增长率达到这个数字或者更高，那么你就真的是在做一件大事了。如果不是这样，那你就得重新考虑自己所采用的方法了。一旦你发现可以达到这种增长率的创意，那么筹集资金就会成为一项浩大的工程。所以，要维持低成本。一旦你获得的是一个被证明了的且可以被轻易复制（规模化）的商业模式，那么就是时候开始融资然后使公司进一步发展了。在大多数案例中，这意味着招聘人才，但在其他案例中，这也意味着一场以“用户获取”的方式进行的实验，内容包括从广告到内容创建的所有事情。

当一家创业公司已经建立起“产品 / 市场匹配度”（Product/Market Fit）[①] 的时候，就会由节约模式转换到投资模式。那就是一个奇迹可能发生的时刻，因为你知道自己终将有所成就。这绝不是说你的工作已经完结，而是说你所做的正在发挥作用，即你已经在足够大的市场上创建了一个人们真正需要的产品。如果你注意到了那些同样达成这一目标的创业者，那么你就会从中发现共同的主题。

① 语出自马克·安德森，其意为好的创业团队、好的产品要有好的市场才能成功。

起初，关于问题本身及自己所创建的解决方案的质量，你会有一种近似于强迫症的感觉，在得到市场验证之前否决了大量不错的想法，要么觉得太烂，要么觉得太疯狂，或者两者兼有。这里我给大家提个醒：你的想法如果被人这么说，并不意味着它将要被市场验证。这只不过说明，在市场数据显示你的想法的确有吸引力之前，人们的看法无足轻重。

创业的“卡玛分值”

> 要把每一次会面都看成是扎扎实实地打基础的机会，这一点在与媒体打交道时显得尤为重要。

我不是个生意人，我本身就是一门生意，伙计。

——Jay-Z[①]

你得让所有人相信你所做的事情值得他们在上面花时间。你妈妈可能是唯一一个盲目认为你做得很棒的人。而其他人就不一样了。除了你想让我们关心的事情之外，我们的脑子里还想着一百万件别的事，所以你得告诉我们为什么要对你的事情感兴趣，但不要用垃圾信息轰炸的方法。每个人都讨厌垃圾信息发送者。如果你像我在第 1 章里建议的那样，为创建一个人们既愿意使用又愿意谈论的产品已经做了所有应该做的事情，那么你就有了必要的基础。我会不厌其烦地强调这一点：不要为了会面而会面。你的工作首先是要去谈一桩生意，而非赴一个咖啡馆约会。那些在之前的以及此后很快会提到的咖啡馆会面之所以如此富有成果的唯一原因，就是我们已经创建了人们真正想要的东西。作为一名创业者，从某种程度上来说，你将会一直代表自己公司的门面——因此正确地利用与人会面的机会吧！

① 来自歌曲《*Diamonds from Sierra Leone*》。

我相信创业公司的“卡玛分值”。不相信？请想象这么一个场景：有关你的声誉分值漂浮在你的脑袋周围。如果这对你来说太超乎现实了，那么你只需要知道社交通货是这样一种货币：在寻求别人的帮助时可以花出去，在帮助别人时也可以挣回来。现在，尽管人们并没有实际去维持某个分数，你还是应当永远尝试着保持一种积极的平衡状态，就好像你自己的银行账户一样——有些人可能真的在维持某种表面的声誉，不过你应该远离这类人。

一个总在索取又占别人便宜的人，他的这种名声不止会传播出去，还会带来很大风险。这种做法在短期内可能会奏效，也许在某些例外的情况下还会长期奏效，但是这种人会无限量地加剧创业事宜的艰难程度。

反之，要把每一次会面都看成是扎扎实实地打基础的机会。这一点在与媒体打交道时显得尤为重要，因为只给他们买一杯咖啡可不意味着你就能上首页。应该把每一次会面都当作一次长期投资。那个记者没报道你的公司？没关系。

谨慎点。他现在正在想什么？X 领域正涌现出一些还没有被报道过的新趋势，而他在找 Y 领域的一名创业者。如果你可以联系到后者，那就给他介绍一下吧。咔！你获得了更多的“卡玛分值”。

若干年后，你可以在自己所在的领域拥有“连接器式人物”的名声。而当媒体们需要在某个没被报道过的创意上抢先的时候，或者为了做一个采访而需要有人引荐时，“连接器”往往就是他们的王牌。这对于创业者来说是一个很有价值的位置，因为那意味着你是他们首先会想到的那批人。当你的媒体人朋友正在报道你的领域的时候，那么你觉得他们会第一个联系谁呢？

不要拒绝交朋友

> 永远都不要拒绝和别人成为朋友，你也不知道哪个朋友最终会为你带来价值百万的机会。

雷切尔·梅茨（Rachel Metz）是一个为《连线》杂志写文章的自由撰稿人。我边吃奶酪卷边跟她解释，为什么 reddit 想成为互联网的首页。她看起来对这个话题很感兴趣，但是也有可能只是很享受正在吃的奶酪卷。

我从波士顿乘风华巴士到曼哈顿市区见梅茨，而在几个星期之前，我刚见过她的朋友珍妮弗·李（Jennifer Lee）。珍妮弗参加了我和史蒂夫在“居家办公为一体”的萨默维尔举办的一个万圣节聚会，大家聊得很开心。我们讨论了她的出书计划，内容恰好是关于中国饮食的。而我则成功地以自己对于中国烹饪的了解给她留下了深刻的印象，于是那天晚上就一直和她聊天，后来就被介绍给了雷切尔。

几天之后，雷切尔坦白地对我说，一开始她是想写一个关于 reddit 的报道，但是后来感觉和我成了朋友，这样的话她再继续跟 reddit 这个选题就不专业了。对我来说这也没有什么不妥的。虽然没有被《连线》报道，但是我从雷切尔那里认识了一个新朋友。她偶然地跟《连线》的编辑克里斯汀·菲利普科斯基（Kristen Philipkoski）提到了 reddit，而后者正好是康泰纳什集团商务部门负责人库罗什·卡雷克尼的妻子。克里斯汀那时也在为康泰纳什做商务拓展工作，然后就从雷切尔那里听说有两名大胆的波士顿创业者正在做一个很有意思的名叫 reddit 的网站。

然后有一天，准确地说是 2006 年 2 月 22 日，我收到了这样一封邮件：

> 我是雷切尔·梅茨的朋友，也是康泰纳什网（康泰纳什集团的互联网部门）的商业拓展主管。我想你应该知道康泰纳什运营着《连线》、

> 《*GQ*》、《*Vogue*》、《纽约客》、《名利场》等杂志。我被你们的技术深深地吸引了，希望能找个时间一起谈谈合作的事情。我今天和周四都有时间，从周五开始要出差一周。你有时间打个电话吗？另外，你们的总部是在波士顿吗？

我和史蒂夫完全不知道，在那次好像命中注定似的万圣节聚会一年之后，我们就要庆祝自己的公司被收购了。看起来，又多了一个举办万圣节聚会或者吃奶酪卷的理由了。

每个人都是媒体

> **如今这个时代，你遇到的每个人都是媒体的一部分，你与人结下的每段关系都是一种长期投资。**

传统的公关行业模式已经崩塌，算是解脱了。

我唯一一次写公关新闻稿是应康泰纳什的要求宣布 reddit 被收购的消息，当时也并不打算跟刚刚买了自己公司的集团就此进行争辩。然而，我并不确定新闻发布是否还像在 20 世纪的时候那么管用。

如今这个时代，你遇到的每个人都是媒体的一部分。你与人结下的每段关系都是一种长期投资，无论对方是你的用户还是《华尔街日报》的作者。任何一名有自尊心的记者都不愿意只把新闻稿当“新闻”发布出来，尽管真的有人这么做。认为新闻发布会拥有神奇的力量可以强迫人们去谈论你正在做的事情，这种想法很荒谬。当谁都不可能有时间注意到互联网产生的全部内容的时候，你基本可以确定，那些每时每刻都在被同样内容冲击的专业人士肯定更没有那个闲心了。这也就是说，你得把自己变得更加引人注目。要想吸引眼球，请牢记下面这些事。

一定要对别人有所帮助

> 一定要对别人有所帮助，总有一天，你所做的任何可以帮助别人工作得更出色的事情，都会使你挣到对方的“卡玛分值”。

当你参加一个商务会谈时，特别是其中有些人可能会帮到你，那么就花点时间来了解一下这些人吧——哪怕只是弄清楚自己如何才能变得对别人有帮助。你可以很容易地在网上找到那些你将要面对的人的信息，只要看看他们写过什么、对哪些东西感兴趣就行了。这些信息可能跟你的生意一毛钱关系都没有，也许只是一些共同点而已，比如“你也是红皮队的粉丝，嗯？除非不在国内，否则他们的比赛我每场必看”；或者是一些事实，可以证明你们同处一个大势所趋的潮流之中。

如果你一入行就选择创业的话，那么到现在你应该是这行的专家了（可能你也精通其他一些领域）。在跟媒体聊天的时候，你的专业见地就是优势，也会让你获得洞察力，可以预见到更大的趋势，而后者对于媒体来说是很有价值的。所以说，一定要对别人有所帮助，尽管这不会直接有利于你和你的公司，但总有一天会的。你所做的任何可以帮助别人工作得更出色的事情，都会使你挣到对方的“卡玛分值”。当 X 和 Y 两个领域相互交叉时，要留意可能因此而产生的趋势。时刻准备好帮助别人吧！

当你准备这么做的时候，可能还得搜集并分析大量的数据才能成为专家。这些数据都很有价值。越来越多的新闻倾向于以数据可视化（不仅仅是图表）的方式进行展现。随着我们被越来越多的数据“轰炸”，把有效信号从噪声中分离并以一种既引人入胜又易于理解的方式呈现出来，也就变得越来越有价值。还记得我在第 4 章提到过的 RentHop 那个创业团队吗？当李·林拿到他的中介执照时，他发现自己找到了趋势，并最终验证了自己的预感。他的合伙人劳伦斯·周（Lawrence Zhou）开始挖掘纽约房屋租赁价格的数据，然后发现数据说明了一切——从人们愿意付给门童多少小费，到按离地铁的距离计算每栋公寓值多少钱，应有尽有。起初，他们并不想公开他们的发现。然而，一旦李·林开始推广 RentHop，他立刻发现那些数据是一笔巨大的资源。无论是发布一篇有关在纽约找房子时一天之内最佳时段（上午 9:00–10:00）图表的博客，还是一名记者在写文章时可能引用的数据，这些都会作为附加价值巩固 RentHop 在业内的“专家”声誉。

用正确的方式影响正确的媒体

> 得到媒体版面最好的方式就是不向别人强制推销自己的产品。要赢得媒体的关注以及善意，你得先为他们付出点什么。

好了，现在你已经找到那些媒体了。如果有第三者跟你和媒体都很熟悉，那么他的热情引荐当然很有帮助，不过如果无人引荐的话，静观其变等候时机也未必不好。你只需简明扼要地介绍自己就行。我曾经试着写过不超过 5 句话的邮件。精准而有力是一个人应当具备的最有效的写作技巧。而得到媒体版面最好的方式就是不向别人强制推销自己的产品。记者也是人。无论他们是为谁（请插入你最喜欢的、最值得尊敬的媒体）撰稿，还是昨天刚刚发布了自己的第一篇博客，他们都不是为报道你的伟大创意而存在的。这很遗憾，不过你从我这儿听到这个真相要比在别的地方听到好。要赢得媒体的关注以及善意，你得先为他们付出点什么。可以采取“曲线救国”的方式，也就是说你自己先要乐于助人。你知道媒体关心的是什么，那就把你认为既对他们有用又还没被报道的突发新闻链接发给他们。如果你能介绍一个他们正在报道的领域的创业者，那就更事不宜迟了。觉得他们喜欢那些看起来有未来感的智能手表？那么当NOOKA批量上市的时候首先通知他们吧。当你为自己树立声誉的机会到来时（时机一到你自然会知道），一定要抓住，好好利用，机不可失。

抓住契机

> 如果你看到某个已经吸引了人们眼球的创意时，那么就可以想办法把它跟自己的故事联系起来。

抱歉，用了这么多的术语，但是知道记者们怎么想真的很有帮助。那些大趋势，也就是人们时下正在谈论的东西，就是理想状态下你在说服别人时所应抓住的“契机”，或者说是由头。它可能是像奥林匹克盛会那样宏大的事件，也可能非常细小微妙。在Facebook大张旗鼓地对Instagram进行10亿美元级别的收购时，移动视频分享应用SocialCam及其相关资产组合公司的CEO迈克尔·赛贝尔（Michael Seibel）就很好地利用了彼时彼刻媒体对那项收购的注意力。毫无意外地，在接下来的几天里，媒体上铺天盖地的文章都在讨论谁将是“视频领域的Instagram”。当发现SociaCam出现在每一篇这样的文章里时，我一点也不感到吃惊。

随着时间的发展，你也会培养出自己在这方面的能力。如果你看到某个已经吸引了人们眼球的创意时，那么就可以想办法把它跟自己的故事联系起来。如果你没有被报道，或者你的话没有被引用，似乎也没有获得回报，那也别心烦意乱。要记住我说过的，记者们并不是为了报道你而存在的。其实，跟别人见面聊天的价值迟早会体现出来。不管怎么说，你也不能总是在向别人宣扬自己的公司和产品吧。只有跟别人建立长期的关系，对方才有可能给你长期的回报。

给公司存档

> 第一张办公室的照片，早期的产品界面，青涩合伙人的合影……这些都将成为公司珍贵的宣传资料，也是属于你的美好回忆。

存档的意思是，要给办公室拍点照片，或给早期的产品界面截个屏之类的。无论你的公司未来如何发展，以后你都会感激自己保留了这些美好的回忆。与此同时，这些图片对于写博客和发微博来说很有用。如果公司真的发展得非常好，那么人们就会非常珍惜这些幕后的照片或者不好意思示人的早期产品原型。

比如，下面这张照片就是我和史蒂夫在 reddit 刚刚发布几天之后拍的。

图片来源：特雷弗·布莱克韦尔

务必要有一张别人很容易获取的、高像素的创始成员照片。我曾经不得不帮一些创业者在最后一分钟准备照片，因为他们马上要上媒体了却连一张可以曝光的、合适的照片都没有。你的智能手机拍不了这种照片。你得向你最好心的朋友借一个当时所能找到的最好的数码相机，然后用它来拍照。就算没能登在媒体上，也能发给自己的妈妈看啊。

除此之外，你还要记录自己产品的各个阶段，尽管你以后也许只能对着它们回忆过去，然后发出会心的大笑。无论公司的未来会怎样，你都会感激自己记录了它的发展历程。下面这个是 reddit 的第一个版本，你们可以看到它有多么粗糙。你的产品的第一版也会是这样。

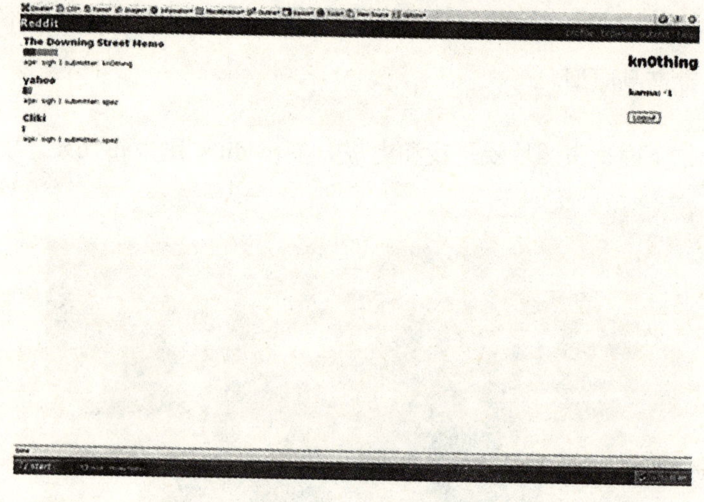

细心的读者会发现，在这个界面上我的“卡玛分值”是-1，拜史蒂夫所赐。

自满有害

> 不要沉浸在过去的成就之中，自满有害，特别是在互联网这个行业里。

有一天，在终于尝到被主流媒体关注的甜头之后，我们就一直按此原则行事。那个年代的互联网跟现在还不一样，我花了好几个月的时间才最终让媒体报道了 reddit。说来奇怪，第一个报道我们的是一家英国报纸——《卫报》（*The Guardian*），那时我们已经上线 6 个月了。看到我们的流量持续增加，而一家数字出版机构又要报道我们，真的非常令人高兴。然而，那篇值得琢磨的新闻报道对我们来说意味着更多。《卫报》很友善地寄给我们几份报道复印件。我一边读着文章，一边想象着引用哪些句子更好，又带回家一份。从我的孩提时代起，父母就一直在收藏与我所做的任何事情有关联的物品。这下好了，我妈妈看到自己儿子的名字出现在印制品上，激动得不得了。印刷版不如数字版好，因为后者可以让读者直接通过那篇报道点击到我们的网站上去。不过我没告诉她。

那天之后，这就成了一个传统。即使妈妈现在已经去世，我还是会把所有关于我的媒体出版物都寄给爸爸，因为我不愿意总看这些。我不想在过了报道当天之后还在想着这件事，我的原则是只能关心 24 小时。我记得有一个足球教练在接受采访时谈到过这一点。在赢得比赛的 24 小时内，你可以自我感觉良好，但那之后就忘了它吧，因为还有下周的事情要考虑。面对失败时也一样。而我特别不愿意沉浸在过去的成就之中，在此也奉劝那些我投资过的公司也不要这样。自满有害，特别是在互联网这个行业里。

粉丝表格与媒体表格

> 产品的吸引力始于人们最初的需求，随着它流传的范围越来越广，你也会看到日益高涨的增长率。

作为创业公司的创始人，你就是啦啦队队长。对于任何一个喜爱你产品的用户，你手边应该随时有他们最近的邮件、微博或者说过的话。更进一步地说，你要把超级粉丝列成一个表，就是那些愿意为你的业务接受采访的人，然后和你的团队分享这个名单。当你遇到一个超级粉丝的时候，就要问他是否愿意被媒体联系并记录下他的联系方式。

每个超级粉丝在你的表格上都要有自己的位置，并把他们说过最有代表性的话、家庭住址、职业以及电子邮箱分别整理成栏。务必要尊重每个人的隐私，然后向他们解释清楚为什么这些边角料信息会对你有帮助。日积月累，当这个名单变得越来越长，恰好与此同时你又想帮助一个记者，而他所报道的布朗克斯大学毕业生正在使用（插入你提供的产品或者服务），那么你就可以帮他联系到合适的采访对象了。

再做一张关于媒体报道的表格，按姓名、电子邮件、出版机构、醒目引文以及文章地址等重要条件分类整理。这将会成为你的媒体联系名单。公关人士会吹嘘这个名单的长短，好像他们在衣帽间试衣服似的，但问题的本质从来就与尺寸无关，只与你如何使用这个名单有关。你是在建立人际关系。无论这个名单上有多少人，如果他们没有一个人对你的事业感兴趣，那么人再多也没有用。

所以，要由少到多。正像我前面所说的，reddit 从发布到被主流媒体报道这中间经历了 6 个月的时间，直到那时我才接触到科技博客的作者和媒体人。随着发展你可能会超越自己最初的领域，这样一来，你就会不由自主地把自己的创意与更大的趋势联结到一起，并利用真人讲述亲身经历等方式使之变得更加人性化。产品的吸引力始于人们最初的需求；随着它流传的范围越来越广，你也会看到日益高涨的增长率，而后者最终会令投资人慷慨地打开他们的支票簿，或者带来一箱一箱的现金。①

① 实际上，大多数投资人都是背着满满一旅行包的现金，或者电子转账。

YC，创业公司的夏令营

> 无知是创业者所能拥有的最大的资产。像一个大学生那样生活，基本就意味着成本低廉，而后者又是防止公司倒闭的最好办法之一。

在马萨诸塞州的剑桥市花园街135号，矗立着一座不太起眼、看起来外观略显怪异的建筑。那就是YC最初的驻扎地。当保罗·格雷厄姆、杰西卡·利文斯顿、罗伯特·莫里斯和特雷弗·布莱克韦尔决定开创一种新型的种子期创业投资公司时，很多人都不理解，更别提还会期待它颠覆现有的科技投资模式了。如今，全世界出现了很多YC的效仿者，比如TechStars、500 Starups和Seedcamp。而我有幸成为第一批出现在YC夏季创业项目的创业者。

入驻YC的首批创业者可能已经成为创业领域的幸运榜样，但是这个群体成员本身拥有各种鲜明的个性。其中有好吹嘘的人、学校里老师的宠儿，甚至有高高在上的恨世者，而唯一的共同点就是我们都不知道自己在做什么。有些人可能外在行为表现得比别人好，但其实绝大多数人都是即将毕业或者刚刚毕业的大学生，几乎没有任何专业的工作经验。仅就这一点而言，无知恰好是创业者所拥有的最大的资产。像一个大学生那样生活，基本就意味着成本低廉，而后者又是防止公司倒闭的最好办法之一。如果你觉得没有固定收入也不会令你丧失多少生活乐趣的话，那么经常吃泡面或者在面包店打烊时去收拾点卖剩下的边角料，就容易得多了。

不过，你一旦拥有一定的经验之后，就会意识到自己做的决定有多糟糕，并争取在下一次做得更好。保罗和YC的其他合伙人明白，我们从亲自动手创建公司中所学到的东西将远远胜过掏钱进入商学院。史蒂夫和我都不敢相信，我们每周都要和保罗·格雷厄姆共进晚餐，而且他每次都会带一个不同的嘉宾，这一点也相当令人印象深刻。

第一次是在一个周四的晚上，史蒂夫和我早早就出发了，地点安排在位于波士顿安静郊区的一幢楼里。对于我们来说，这是一周内能与 YC 合伙人及某个陌生嘉宾演讲者共度美好时光的机会。那感觉就好像是大学新生报到的情景又重演似的，只不过讨论的主题都是商业模式而不是家乡和专业。我们围坐在奶酪盘旁边，互相握手致意并自我介绍，直到后来保罗把大家的注意力都吸引了过去。晚餐开始了。一锅锅冒着泡的、不知道叫啥名的食物端上桌，我们后来亲切地称之为“糊糊”。那里混合了豆类、蔬菜以及顶着碎奶酪或酸奶油的肉，一大屋子饥肠辘辘的创业者们吃的就是这种大杂烩。

在 YC 的高墙之内，人们对彼此都怀有一种特殊的、志同道合的友谊，因此嘉宾们也远比平时表现得直率坦诚。一屋子“饥渴”的年轻创业者就能充分了解各自行业里的领袖式人物都在想些什么了。虽然他们的肚子被“糊糊”灌饱了，但仍然对知识感到饥渴。那个时候，由于 YC 太新了，所以嘉宾邀请名单仅限于保罗在波士顿的人际网络。然而现在，像马克·扎克伯格及其他著名创业公司的 CEO 之类的人物，也可能出现在每周的晚餐聚会上了。知名国际律师事务所——高赢（Goodwin Procter）的一位合伙人曾出现在第一次晚餐聚会上。创业者们提的问题听起来肯定很空洞，因为他们最多只是学过一门商业法律课程而已，天真而无知。不过他非常耐心地对那些问题一一进行解答。晚饭后，演讲嘉宾们继续逗留，而创业者们则排着队紧随其后。结果，那位合伙人不仅停下来和我们聊了天，后来还代表我们处理了收购的相关事宜。他现在是我的私人律师。

所有第一批参加 YC 夏季项目的创业者都在付出最大的努力，不仅从每周都来探访交流的嘉宾身上学习，我们彼此之间也互相学习。经过一段时间之后，由那些嘉宾和参加该项目的创业者们共同编织而成的社会关系网成为 YC 最有价值的资产。然而，在那个时候，就连保罗和其他 YC 合伙人都没有意识到这一点。随着越来越多的创业者参加这个项目，之前参加的那些人都义不容辞地去帮助后辈，这个传统保留至今。你遇到一个之前从没见过的问题？ YC 关系网里的某个人可能有相关经验，只管开口问好了。这就是所谓的"YC 帮"。但这样的网络没有局限于 YC。大部分健康的创业社群都拥有类似的、由创业者们组成的网络，他们真心诚意地帮助别人。今天，我看到这样的网络也贯穿于纽约的科技社区。那种志同道合的友谊不是单纯的利他主义；挣得创业的"卡玛分值"还意味着，当你有需要的时候，在很大程度上也能获得别人的帮助。

这样的网络不一定只在科技创业加速器中存在。如果你能找到一个既适合自己又适合自己创业项目的网络，那么你或许能够在那里发现很多可以学习并与之分享经验感受的同行们。尤其是在互联网行业，人们都有强烈的意愿贡献自己的智慧，而不是孤芳自赏。声誉就是通过向别人传授自己的经验和洞察力而建立起来的。如今，人们在 /r/entrepreneur 和 /r/startups 这样的互联网社区上分享知识，类似的知识分享渠道还有 Hacker News 和 Quora，甚至 Twitter 也扮演了同样的角色。不过，也不能只局限于某一个平台，无论这些知识的碰撞发生在互联网的哪一个角落，你都能找到它们。

当这一切不借助互联网时，也会在现实世界中发生，比如在咖啡馆、酒吧或工作场所等地。即使身处日益数字化的世界里，人们面对面的高质量交流也仍然没有被取代。不过，须谨记：任何社会关系网都不会拯救一个无法满足人们需求的产品。

在第一次 YC 晚餐聚会结束时，我们每个人都得到了一个印有"做人们需要的东西"字样的 T 恤衫。YC 的合伙人之一杰西卡·利文斯顿用一种很巧妙的方法从根本上对此进行了解释，她告诉我们，人们不愿意穿戴不舒适的路边货。作为创业者，我们永远不能忘记印在胸前的这则令人舒适的短语，从某种程度上来讲，它就是 YC 的一句咒语。**如果创业公司不做人们需要的产品，那么它就永远不会成功。**这是我反复强调的一个观点。

融资可不是闹着玩的

> 即便身处一个创业的主要成本不断下降的大环境中，导致公司失败的首要原因仍然是资金短缺。

假如幸运之神并没有不可思议地降临到你身上（其实你已经面临很多不利因素了），那么在获得第一轮融资之前，你至少还得做出点能满足人们需要的东西来才行。应用程序五花八门，但是大多数创业加速器都效仿 YC，先是写程序在网上提交，然后再发面试通知。我的看法可能有偏袒的成分，但 YC 不仅规划了创业模型，还设定了行业标准。所以，至少在其地位尚未被动摇的情况下，我们还是要把它当成参照物。

如果你入驻了 YC，那么你就要让出一定比例的股权以换取平均 1.8 万美元的投资和三个月的创业训练项目。总的来说，股权比例在 2%~10% 这个范围内，不过通常是在 6%~7%。如果你在三个月的时间里没有做出像样的产品，那么就得经历硬重启了，也就是一切清零，从头再来。

如果你真的没有做出来，或者不想做的话，怎么办呢？别担心，你并不是异类，因为互联网行业里大多数的成功者从来都没有经历过创业加速器。

由于维持网站的成本每天都在下降，所以你创办公司的成本也随之下降。在创建 reddit 的时候，我们在网上订购了服务器的零件，然后自己动手在客厅里组装起来，再把它们费力地拖到提供主机托管服务的地方——就是一个全是服务器的大房间，你可以租用一块空间来放置自己的服务器。只过了短短几年，亚马逊就推出了一种非常有用的云计算服务，即使用者不用看到实体的服务器也能满足需求——只需要一张信用卡，你的网站就能以很低的价格在服务器上运行，而这个价格还在逐月降低。现在，用来运行网站的虚拟主机已经从本质上变成了一项公共设施。

如果你不用整理存货清单或者研究零售位置，那么行业的准入门槛就会骤然下降，你可以在自己的寝室或咖啡馆的桌子旁开始自己的业务。只要你能负担得起房租、填饱自己的胃，那么就能在获得下一轮投资前，保持自己的业务正常运转甚至增长。

这笔投资可能来自你的朋友或家人，也可能是某些有钱人，也就是天使投资人。这个词已经相当普遍了；我更喜欢把这些人想象成手持单片眼镜、头戴高帽的形象。

当我决定是否要对一家创业公司进行投资的时候，上面这只面包小猪很生动地表现出我在那一刻看起来像什么样。事实上，所有投资人看起来都是这个样子的。没有光环，也没有翅膀，只有单片眼镜和高帽子。

但问题的关键在于，这些投资人都愿意在一家处于初期阶段的公司身上冒很大的风险，目标是希望它们有朝一日能够跻身行业前列成为巨头。自从卖掉 reddit 后，我做过 60 多次这种初期投资。对于大部分投资人来说，向处于初期阶段的公司投资是一种很冒险的投资策略，但我们之所以这么做是因为我们自己曾经也是创业者。我们把这种投资看作创业的“卡玛分值”，也就是一种回馈社会的方式，也是向那些曾经在我们身上冒险的人致敬。

还有一些投资人之所以投资创业公司，只是因为他们被这个行业的魅力吸引了，而且也能提供一些额外的洞见，这就是人们所说的“附加值投资人”；但每个投资人都可能这样描述自己，因此你就需要特别注意区别他们这么说的时候到底是什么意思。一个创业中心如果想在某个地区内发展壮大，有这样一个由早期公司投资人组成的社群网络是非常重要的，因为他们的投资会变成一个良性循环。硅谷之所以成为硅谷，恰恰就是因为一些极客变成富豪之后开始投资更多的极客，其中有些人变成富豪之后又继续做同样的事情。如今，这样的事情在全球各个地方发生，而且随着创办公司的成本持续下降，越来越多的公司也得到了融资。

公司会因资金耗尽而最终失败，尽管这看起来显而易见，但事实就是这样。在我做过咨询的数百家创业公司之中，只有一家公司确实是被竞争对手打败的，就是之前提到过的 Kiko.com，战胜它的是 Gmail 的网络日历。即便身处创业成本不断下降的大环境中，导致公司失败的首要原因仍然是资金短缺。一名创业者可能会认为，自己一眼就能看出公司如果想要维持低成本运营的基本需求是什么，而事实上他并没有看出来。

另外，年轻的创业者正面临缺乏业内关系网的挑战，而且很不幸的是，他们较为幼稚的面容也会被很多行业里的人认为是一种非正统的力量。年仅 22 岁的亚当在创建 hipmunk 的时候，就是凭着一腔果敢与坚毅去克服诸多障碍的。很多创业者在创业之初都是通过电话的形式开拓业务，对方仅凭电话里的只言片语来做出判断。然而，接下来进行面对面的交流时，创业者的年轻就会变成一种优势，因为这会给那些行事挑剔、难以搞定的高管们留下深刻的印象。

假如你没有一个既有钱又慷慨的舅舅肯给你投资的话，那么你就不得不动用一切智慧寻找可利用的资源了。实际上，就算你有这样一个舅舅，那你最好也敏思而笃行，因为在这个行业，如果做不出人们需要的产品来，那你就输定了。

用自信赢得投资

> 创业者要表现出无论是否有人投资自己都能成功的自信，这一点是赢得投资人青睐的可靠方法。

说真心话，融资这事烦透了。它会令你无比沮丧，没办法专心致志地做最重要的事——也就是创业本身。尽管如此，你还是得学习一下怎样才能成功融资。

资金看起来就在前方，但大多数投资人都是群居动物，往往不单独行动，真是纠结。我们这些投资人也会试着跟自己说，事实并非如此，但每个创业者都会被问到这个问题："还有谁投了？"也有少数例外，不过还是别指望你能找到这样的投资人，不要有侥幸心理。与此同时，创业者天生就会采取一种相反的心态，在创业的时候都是寻找那些别人注意不到的领域。毫无疑问，你在这里看到了类似"第二十二条军规"[①]的自相矛盾的状态。怎样才能在无人投资的情况下，获得投资人的青睐呢？

---

① 语出美国作家约瑟夫·海勒（Joseph Heller）的小说《第二十二条军规》（*Catch-22*），意为受骗者无法摆脱的圈套（或困境）；难以逾越的障碍（或法规）；自相矛盾的规定。

这很令人沮丧，但并非无法克服。要记住，你之所以去做这件事并不是因为它容易做。而当你的努力开始起作用，也的确吸引到一些可靠的投资人时，你就可以利用自己获得的社会认同把对方的“群居”心态变成自己的优势，就像我在第3章中提到的那样，利用社会认同去开拓业务。投资人一旦发现自己可能错失交易机会时，你的吸引力对于他们来说就会无限放大。我通常会在创业者那里反复听到这样的话，“我们快完成融资目标了”或者“我们已经被很多投资人预定了，不过还是想给你留一个机会”。他们试图制造一种紧迫感，而如果情况属实的话，这一招还是很奏效的，我会乖乖地拿出自己的支票簿。

这个策略之所以有效是因为投资人一般都会进行权衡，不过情况也会瞬息万变，因为现在创业者的成本越来越低，公司实现增长也会越来越容易。然而，话虽如此，创业者还是需要资本，而投资人则想要资助那些胜算较大的公司。因此，创业者要表现出无论是否有人投资自己都能成功的自信，这一点是赢得投资人青睐的可靠方法，可以在两者的博弈中为自己扳回几分，这样就可能令投资人看好你。在你自己足够有钱到给自己的公司投资之前，你和投资人之间的关系是不可能完全平衡的；就算你自己足够有钱，你可能也仍然需要高质量的投资人进入自己的团队——不过，假如你仍然在以自己的方式追逐万恶的金钱，那么就一步一个脚印地来吧。

尽管你已经得到了投资人的承诺，但在钱进到你的账户之前一切都还不算完。别忘了保罗·格雷厄姆的警告：“交易总会失败。”在他第一次发出这个警告时，我就把它应用到我所做过的每一次交易上了。当我们开始跟康泰纳什谈收购时，我甚至把这句话写在保罗的一张照片上，又贴到浴室里。每天我们都会走进浴室，然后看到保罗正在提醒我们要专注于创业本身，而不是一起随时都可能泡汤的收购交易。

互联网颠覆投资界

> 互联网正在改革传统企业获得投资的方式，现在，任何人都可以通过众筹投资一个项目，助那些颇具胆识的创业者一臂之力。

人们一直热衷于投资互联网公司，即便是在美国经济不景气的情况下也是如此。投资继续流通，只在2008年10月之后有过短暂的衰退，那时候银行界坏账缠身（好吧，其实并不是那么回事，银行都好得很，有的甚至获得了“金降落伞”待遇；事实上，那些坏账更像是缠住了我们这些存款的人）①。然而现在，投资界正在被互联网颠覆，就像其他行业所遭遇的那样。

举例来说，投资人纳瓦尔·拉威康特（Naval Ravikant）和巴巴克·尼韦（Babak Nivi）创建了一个专门消除低效天使投资行为的平台。天使名单（AngelList）是一个投资人的社交网络，用户们可以彼此分享或追投推荐项目，也可以只是在网站上浏览正在寻求融资的创业公司资料，网页看起来好像无穷无尽似的。我的投资组合中的一大批公司都是以这种方式进行融资的，包括创意市场（Creative Market）和大众健康（Massive Health），它们分别融到了130万美元和225万美元，这多亏了天使名单这个可以令在线支持者与实际投资人无缝对接的网络。这个市场还不完美，但每天都在变得更好。那些既有盈利潜能又持续增长的创业公司在融资方面的困难越来越少了，无论它们位于湾区（Bay Area）还是布鲁克林，又或者是两者之间的某个地方，事实都是如此。

一旦你获得首轮融资，那就要启动创业“程序”，保罗·格雷厄姆把该

---

① 金降落伞，指公司的高管人员被解雇时有权获得大笔补偿金的协议，这里的意思是说银行在金融危机期间获得政府的保护。

过程中的流量变化画了出来。这张图现在很著名，再也没有人比他画得更精准了：

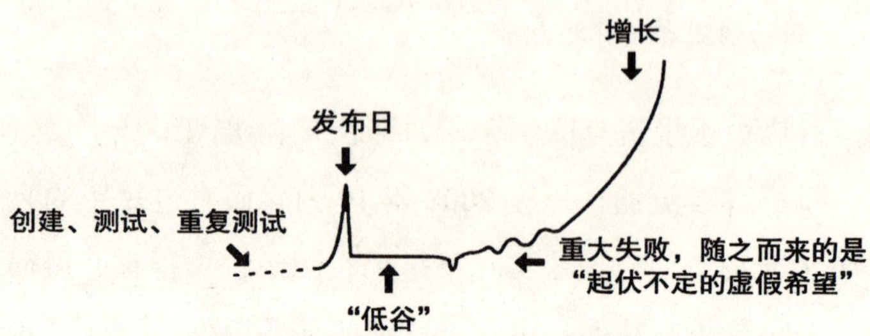

在这个过程中，创业者所做的决定应该以数据为基础。创业程序的启动就是从这样做决定开始的，尽管有些人知道自己比别人更理智，他们的大多数决定还是出自直觉，只要确保数据起到了应有的作用就行。要记住，你不是乔布斯。就算你是乔布斯，现在也有实时数据来告诉你，主页上那个额外的按钮有多重要，而不是单凭直觉。

你也许拥有世界上最好的玛芬蛋糕，然而你的玛芬蛋糕房的发展速度永远也不会快到能使之成为一家创业公司。不过没关系，因为开一家玛芬蛋糕房仍然是一门好生意。然而我们需要更多优秀的创业公司，以及更多的大生意。

关于这一点，互联网正在改革传统企业获得投资的方式，比如，我假设的玛芬蛋糕房。众筹在最近几年里才兴起，随之而来的还有像 Kickstarter 这样的网站（还有许多不同种类和不同领域的垂直网站，详见第 7 章），任何人只要有信用卡都可以向自己信任的项目投一笔数额合理的资金。目前，严格意义上来说，私人投资对于普通人是禁止的，除非你是一个非常有钱的天使投资人；但你可以通过众筹投资一个项目，一次只需贡献出一小部分财力，就能助那些颇具胆识的创业者一臂之力。你可以预订这个项目的产品，也可以只是单纯地帮助别人实现一个梦想。

这种捐助是有意义的。众筹的平台还很不成熟，不过上面已经有一些成功的项目了，比如Pebble，这是一种可以与你的智能手机交换数据的创新式手表。起初，Pebble的发展并不顺利，尽管它已经从YC的创业训练项目毕业，也在天使名单的帮助下付出了艰苦的努力以期赢得人们的关注，但大多数投资人都对硬件创业公司感到担忧。这也反映出一个事实，即投资人对软件公司的青睐超过其他任何类型的公司，因为软件的发展前景更容易衡量。于是，Pebble开始在Kickstarter上发起众筹活动以资助他们完成第一批手表的生产，目标金额是10万美元，参与者可以预订手表。

他们在短短几个小时内就达成了目标。从Pebble的潜在用户看到手表的那一刻起，一切都不同了。当然，那些手表看起来确实很不错，来自加拿大滑铁卢大学的创业者们也朝气蓬勃，组成了一支充满活力的“梦想团队”，然而就连创始人埃里克·米基科夫斯基（Eric Migicovsky）也没有想到，他们从全世界6.8万人那里一共筹到超过1 000万美元——确切地说，是10 266 845美元。为了满足用户的期望，他们实际上对预订数量进行了限制。而在此之前，几乎所有科技媒体都一拥而起报道了这场出人意料的众筹活动。

我很了解Pebble团队，不仅仅因为他们在接受YC面试时我就在现场，还因为后来他们在Kickstarter上发布之后，我就一直在管理他们负责社交媒体运营的团队。那次发布意义深远，在5天内就打破了之前网站上所有的融资纪录。在投资人如此冷淡的背后，我们目睹了Pebble的消费者在全球范围内疯狂增长（记住，即使是别的创始人也有可能是错的）。几个月后，埃里克忙着探访Pebble的制造地中国，就在他两次出差的间隙，我逮到机会见了他一面。这位加拿大CEO手腕上戴着Pebble手表的第一个成功样品，语气柔和地向我解释着他对这次众筹的震惊——慷慨出资的人遍布全球各地，而且绝大部分自己并不认识。

> 在Kickstarter上发布Pebble是我们第一次能够如此生动地向更广阔的市场描述这款产品。我们把相关的项目说明网页以及产品介绍视频调整到了连我妈妈也能完全看懂的程度。有那么一个时刻最能触动我的心，就是我在阿姆斯特丹的一个朋友第一次看到Pebble网页的时候。很长一段时间里，所有朋友都在默默地支持我，但那个朋友当时告诉我“啥也别说了，钱都拿去做Pebble吧”，就在那一刻，我知道转机来了。后来又看到全世界那么多人也跟他想法一致，那感觉真是棒极了。

Pebble不会是最后一个众筹明星。别忘了，我们仍然处于互联网创新的婴儿期，在线众筹即便在美国也还没有成为主流。

就像我在之前所说的那样：每个人都是媒体。首个在Kickstarter上进行众筹的餐馆Colonie就是例子。91个资助者所提供的支持可不仅仅是投资15 371美元让Colonie去买豆子、胡萝卜，还有雇厨师和宣传——91个布道者会把Colonie的信息传播出去，因为他们感觉自己也是这个餐馆的拥有者!

Kickstarter是首个众筹网站，无疑也负责把基于网络的众筹概念带给大众。但这一模式仍在继续发展，好戏才刚刚开始呢。几年前，要想以产品预订的方式筹集1 000万美元的资金，众筹并不是一个被证明切实有效的途径，人们也注意到了这一点。而现在，大量垂直领域的平台涌现出来。如果你需要为××寻找一个独一无二的众筹平台，那么在你读这几句话的时候，这个平台可能就已经出现或者即将出现了。事实上，这就是我投资

crowdtilt.com 的原因。它不仅是一个可以让社区居民拯救本地玩具店或者保持互助会基金源源不断的应用，还可以令用户收获“意外之喜”：任何人都可以创建一个自己设计的众筹应用，也就是说，他们相当于有了自己的众筹平台。令人感到无比激动的是，我们已经进入一个如此崭新的领域。在众筹这个创意市场上，赢家和输家的出现不可避免，但正因为如此，我们的未来才会更美好。

一旦网络众筹被证明是可行的，技术专家们和政客之流就都开始利用这种方式。确实如此，连华盛顿特区都开始转而促进由互联网驱动的创新。2012 年，《创业企业融资法案》（*Jumpstart Our Business Startups*，*JOBS*）在白宫和参议院都获得通过，虽然最终成效还仍需观察，但已经有创业公司向投资人表达如下观点，即这样的立法接下来会促进民主化投资的迭代。他们的说法是：如果银行不实践该法案，那么为什么个人不去支持社区商业呢？我希望玛芬蛋糕烘焙师们可以读到这些内容。我们每个人都有可能拥有一家非常可爱的本地蛋糕房的股权，并因此而获得瞬间的辉煌。说真的，这个想象中的景象还真不错。

创新倍增效应

> 请支持创业公司，因为一旦有人成功，创业公司所在的社区也会随之发生变化。

“创新倍增”这个词在从丹佛市长迈克尔·汉考克（Michael Hancock）的嘴里说出来之前，我从来没有听说过。在 2012 年总统大选辩论之前，我曾在美国政治新闻网的调查表上问了他一个问题，他回答的时候就用了这样一个词。那时候，我还没有开始启动第一次“互联网 2012 巴士之旅”，时机还未成熟。不过，他的话真的震撼到了我，因为那些内容为我穿越美国中部的巴士之旅设定了基调。汉考克说，随着创业公司搬进丹佛，这个城市正在经历一种“创新倍增”效应，因为富于创造力的人们开始建设自己的事业，各种创意竞相涌现，也启发了更多新颖精妙的设计，并最终产生更多的创新。即便只有一家创业公司发展壮大了，因此而引发的连锁效应也是一件特别鼓舞人心的事，因为影响不仅仅局限在它的成立之地。说真的，它还会影响到你所住社区的一家玛芬蛋糕房的成功，以及其他社区一系列数也数不清的类似的生意。

所以，请看在玛芬蛋糕的份上支持创业公司吧。假如这个理由还不够的话，那么就想想你的左邻右里吧。

为什么这么做呢？因为一旦有人成功，这么多创业公司所在的社区也会随之发生变化，而我们也不可能对此视而不见。最后，创始人一旦从市场上退出，无论公司是被收购还是进行了 IPO，他们和早期员工都会变得很富有，其中又有很多人会反过来把钱投入当时曾经支持过自己的创业型经济。这个生态系统仍在继续蓬勃发展。硅谷就肇始于此，遍布全美乃至全世界的无数创新中心也是这样发展起来的。要把好的投资人看成是“尤达消防员”——每周 7 天 24 小时随时待命为你提供建议，或者卷起袖子随时准备投入战斗，只不过听起来没有那么英雄主义。他们的武器是资金，还有能帮助创业者们开拓事业、创造就业机会并最终培养出更多“尤达消防员”的才华，接着更多的“尤达消防员”又开始帮助创业者开拓事业、创造就业机会……循环往返，生生不息。你大概也能明白这是一个怎样的过程了。

“做，还是不做……没有尝试这一说。”[①]

---

① Yoda，尤达大师，电影《星球大战 5：帝国反击战》（1980）里的人物，这是他在电影里的一句很著名的台词。

WITHOUT THEIR PERMISSION

06

众筹，每个人都有机会影响世界

|互联网的承诺|

不以善小而不为；就这么一点一滴积聚起来足以改变世界。

——德斯蒙德·图图[1]

现在，你已经了解了我的故事和我想做的事情，不过互联网能承诺给人们的远远不止是激励创业者。富于进取精神的企业家式行为在互联网上获得了回报，那里没有传统世界里的守门人。即使自己不创业，你也可以利用互联网的力量来影响人力和财力诸多领域的分配，比如慈善事业、传统或电子出版、音乐等，甚至连政治和大众文化也不例外，而且这种网络上的影响力更为直接和高效，超过其他任何一个地方。

所有在以下章节中提到的人都在传统世界里活得非常精彩，但是我们可能从来没有机会亲眼见证他们的才华。在他们的身上都有一个共同点，那就是无须等待别人的认同就能成功。无论你是弗吉尼亚州切萨皮克市（Chesapeake）的一名教师、得克萨斯州奥斯汀市的一位喜剧演员、亚拉巴马州塔斯卡卢萨县（Tuscaloosa）的一名漫画家，还是加利福尼亚州佩塔卢马市（Petaluma）的一位穷困潦倒的传奇性灵魂乐音乐家，又或是美国任何一个地方的一名活动家，你的时代来临了。

① 图图是南非开普敦的圣公会前任大主教，也是南非圣公会首位非裔大主教。他亦是 1984 年诺贝尔和平奖获得者。他自 20 世纪 80 年代开始致力于废除种族隔离政策，并在 1995 年开始领导“真相与和解委员会”，因促进南非的转型正义（民主国家对过去政府违法和不正义行为的弥补）而闻名于世。

连接捐助者和需求者的线上革命

> 有人需要资助，有人愿意捐赠，只要将两者的力量结合，就可以让资源到达有需求的地方。

查尔斯·贝斯特（Charles Best）是布朗克斯区社会学专业的一位教师。他跟自己的同事一样，千方百计想在自己的教室里配置充足的教学器具；而他和他的同事们，又和全美许许多多教师一样，一般情况下，每年都要在置办教学器具上自掏腰包500美元。查尔斯看到这种状况受到了启发，他想："我得办个网站，因为如果能把别人的技能和智慧也利用起来，那么我们就轻松多了——教学时更能因材施教、更加智能，也能产生更多出色的创意，远远胜过那些封闭在总部大楼或者象牙塔里的人们所能想到的。"

查尔斯预感到，有很多人都愿意帮助像自己的学校这种没人赞助的公立学校添置教学用品，但条件是要能清楚地看到自己捐的钱都用在了哪里。查尔斯开始着手建立一个可以帮捐助者确认钱被用到实处的机制。他明白，这些潜在的小额捐助人希望自己的钱不会被暗箱操作。无论捐了20美元还是2万美元，他们都希望看到自己的捐款为老师和学生的生活带来了切实而显著的改变。很快，查尔斯就开始努力地探索能利用这些海量潜在资源的创新途径。

查尔斯用铅笔把自己的创意雏形画成一张草图，给了一位电脑程序员。这名程序员是一个波兰移民。他收了查尔斯2 000美元，把DonorsChoose.org的第一个可用版本做了出来。那时是2000年，人们还没开始使用类似"众包"或者"社交媒体"这样的词，好几年之后它们才流行起来。

网站的第一个版本看起来十分粗糙而简陋。查尔斯只能使用一个手动的信用卡读取器来处理捐助人的信息，跟杂货店主用的那种差不多。网站虽然看起来不怎么样，速度又慢，不过还是可以用的。那时“最低可行性”这个词还没有出现呢，但查尔斯就是这么做的。查尔斯的妈妈用梨做主料，香料、杏子果酱汁和橘皮做配料，做了一些焙烤美食。他就用这些食物“贿赂”了自己的几名同事，让他们跟自己一起提交了网站的第一个项目（还记得我前面说过的吗？要把自己的第一批用户看作金子）。

接着，最初的那 11 名用户又创建了 11 个其他的项目，包括专门针对健康课程的 Baby Think It Over doll①、缝制铺满地面的艺术品，还有为学生准备 SAT 考试的指定教材等。

查尔斯在学校教授历史课。他发起的项目是为自己的学生完成一趟去莫克塔·特耶布（Moctar Teyeb）家乡的实地考察之旅而筹集资金。特耶布是一个从毛里塔尼亚的现代奴隶制下逃脱的人，后来生活在纽约的布朗克斯。查尔斯正在给学生讲授有关弗雷德里克·道格拉斯（Frederick Douglass）②的内容，并告诉大家去《纽约客》的网站上读一读特耶布的个人档案。最后，在项目捐助者的帮助下，查尔斯得以带领自己的学生亲眼见到了特耶布。

你很可能认为，这些听起来很棒的教学项目正是我们希望自己的孩子也能体验到的。那么，为什么学校本身不促进这件事呢？

查尔斯的解释是：“要想获得哪怕一点点资金来启动这些项目，都

① 一个真人大小的玩偶，体重也和真人差不多，凌晨 2：00 就会哭，然后需要有人定时喂食。类似一个专门为高中生制造的电子宠物。

② 19 世纪美国废奴运动领袖，是一名杰出的演说家、作家、人道主义者和政治活动家，也是第一位在美国政府担任美国外交使节的黑人。他主张废奴，毕生争取黑人权益，在历史上影响深远。——译者注

得经历大量的繁文缛节和无尽的等待，还有各种官僚主义——这还是在运气好的前提下。”DonorsChoose.org 让查尔斯和同事们直接跳过了那些繁琐的步骤，11 个项目全部在数天内完成了筹资目标。查尔斯正在做一件大事。

现在，教师们可以在网站上发起任何请求资助自己添置教学用品的项目，从教材到显微镜，不一而足。而捐助者们也可以在网站上读到有关自己所捐资金去向的信息，甚至还能看到一些相关活动的照片。这就是连接双方的纽带，可以激励人们给远在他乡的陌生人施以援手。这种通过网络捐助的方式的确可行，因为只要上传一些图片，配上一些文字说明，你就能很容易地让捐助者明白你想做的事。而发布这些内容的成本几乎为零，整个捐助过程也只需要一张信用卡即可。相比之下，不难想象传统的捐助方式效果怎样——逐月打印捐助登记册，效率低下，而且毫无疑问，由于制作成本的缘故很快就会变得无法支撑下去。

所有的学校和教师在把项目成功提交到网站上之前，都要接受审核。而且，当一个项目获得资助之后，教师们不会收到现金，而是会直接收到通过网站购买的物品。除此之外，网站还有一名员工专门负责检测异常行为。他通过数据来寻找可疑的项目，并进行多次实地考察，结果往往是发现了另一名怀有雄心壮志的教师，正在想方设法利用 DonorsChoose.org 捐助的用品大大改善教室环境。

查尔斯解释说：“那些不太对头的项目用一只手甚至一两个手指头就能数得过来。”在我写下上述这段文字的时候，DonorsChoose.org 上的项目数已经超过了 35 万个。

更透明、更牢固的联系

> 大多数时候，我们根本意识不到某些事物正在被颠覆，除非有人能用一种更好的方式把真相展示出来。

DonorsChoose. org 已经获得了广泛而持续的成功。连研究机构的资助人和学校系统都在勒紧自己的钱袋，查尔斯这个生机勃勃的非营利机构却还能每年都给那些不断增加的大量教育用品项目吸引到越来越多的捐助。事后看来，这种通过透明度和选择性而向小额捐赠者一方发生的权力转移是显而易见的，但在几年前却是不可想象的。别忘了，大多数时候，我们根本意识不到某些事物正在被颠覆，除非有人能用一种更好的方式把真相展示出来。

当 DonorsChoose.org 开始加速发展的时候，很多传统的基金会都不认同这种大胆的新模式。查尔斯说："有些基金会认为，一个有影响力的捐助者，也就是平民慈善家，并没有什么大不了的。他不具备博士头衔，也没有相关的技能，无权决定哪个教育项目才是最值得投资的。"甚至连教育系统本身也在质疑："在最初的几年里，我们在学校领导那里备尝冷眼。他们认为教师们要利用这个网站筹资去买那些未经审批的书，或者做一些偏离规定课程规划的实地考察旅行。"

虽然一些管理人员对 DonorsChoose.org 曾经特别警觉，但这个网站还是在它最重要的受益者——学生身上获得了巨大的成功。大部分通过该网站进行过捐助的人们都会告诉你，当他们打开装满了学生手写的致谢信时那种无法言喻的奇妙感受。此时无声胜有声，那是一种瞬间的心意相通。你会因这些致谢信中流露出的思想、热忱，还有间或的幽默而感到惊讶。

不要把我和查尔斯的话或者上面的涂鸦当成不可辩驳的证据，还是直接问一问小学生马多斯尔（Mudosir）吧。他所在学校的项目是我资助的。马多斯尔的致谢信就总结得很好。他把工工整整写好的信用胶水粘在一张很漂亮的紫色建筑用纸上，还用粗糙的红色蜡笔描了边。具体内容如下：

> **亲爱的面包小猪：**
>
> 非常感谢你捐助的那些笔记本电脑。我非常喜欢它们，因为可以在上面下载很多游戏。我也喜欢互联网，因为我们正在上面搜索有关植物、动物和印度的信息。总之，谢谢你的笔记本电脑。如果没有你的话，我们也用不上这些电脑。这就是我为什么想谢谢你。
>
> 感激不尽。
>
> **马多斯尔**

现在，马多斯尔在教室里有一台电脑用了，并且可以从电脑上学到任何他想学习的知识，不管是植物、动物还是印度。

在写完这段内容的时候，DonorsChoose.org 已经为全美的公立学校募集到了超过 1.75 亿美元的资金。我有幸成为这个了不起的组织的顾问之一。它已经真真切切地影响了美国各地最需要帮助的孩子们的生活。

12/23/11

Dear Breadpig,

Thank you for the laptops. I love your computers because you can down load a lot of games on it. I like the internet too, because we were researching for information about Plant, animals and India. Thank you for the laptops. If it wasn't for you we would not have laptops. These are the reasons why I want to thank you for the laptops. Thank you very much

Sincerely,
Mudosir

DonorsChoose.org 是首个从根本层面上使人们看待慈善的方式发生重大改变的非营利组织，在技术应用上也很娴熟。此外，还有其他一些类似的网站，比如 Kiva.org[①]、Vitanna.org、CharityWater.org 和 GlobalGiving.org 等。我很确信，这类模式会成为慈善事业的未来。以后在每年年底的时候，那种饱含愧疚之情、旨在说服互联网一代把钱捐给缺乏责任感的慈善机构的

① 我从 reddit 出来之后，曾在亚美尼亚为 Kiva.org 做过几个月的志愿者。

信件将不会再出现。

这就是开放互联网所能承诺给我们的事情。作为捐助者，我们不再满足于把钱捐出去之后就不闻不问——我们不希望每笔捐款都有很大比例的份额是在应付慈善机构日常的杂务开支，而没有到达真正需要它的人手里。而开放互联网则把捐助者和受助者之间看不到的那些中间环节都呈现到明处，同时也允许双方因此而建立更牢固、更透明的联系。

通过 DonorsChoose.org，教师们得到了既能满足上课需要又值得学生拥有和喜爱的教学用品，捐助者知道自己的钱被用来改善世界后也心满意足——这是一种亲身体验到的真切感受。这就是公益行业的未来。假如我能看到某人正在阿姆斯特丹享受当地小吃的图片，那么我最好也能看到自己捐的钱去了什么地方，这种对透明度的要求是理所当然的。

在 DonorsChoose.org 曾经帮助过的成千上万个项目当中，大概再也没有其他项目比黛比·瓜尔迪诺（Debby Guardino）的影响更大的了。

大连接，小世界

> 草根阶层的共同努力已经给世界带来了翻天覆地的变化，现在，他们还可以利用互联网在更大的范围更有效地实施自己的想法。

2011 年 5 月 22 日，一个周日的下午，密苏里州的乔普林市遭遇了一场级别为 EF5 的龙卷风。这场风暴以最大的速度席卷了这座有 5 万人的城市，造成 150 人丧生，上千人受伤。[①]

① EF是 Enhanced Fujita Scale的缩写，含义为加强版藤田级数，是官方使用的龙卷风级别参数。EF5 是最高级别，也就是 1996 年的那部名为《龙卷风》的电影里所展示的龙卷风级别。

第二天早上，居民们开始调查损失。乔普林高中的教学楼也在风暴中被毁坏了。幸运的是，龙卷风发生时学校里没有人，但260名教师却失去了教室和所有的教学用品，他们自己的家也遭受了严重的损害。

当乔普林市的居民们正在估算自己所受损失之际，远在1 900公里之外的弗吉尼亚州切萨皮克市，有一位名叫黛比·瓜尔迪诺的特殊教育老师听说了这场悲剧，并被深深地触动了。她想尽一己之力帮助乔普林市，于是她打开电脑上网。

黛比·瓜尔迪诺承认自己并不是技术方面的专家，但是曾经通过DonorsChoose.org发起过为自己的教室添置教学用品的募捐项目。就在几年前，她还只会用电脑给朋友发发邮件，根本谈不上其他技能。现代互联网给了她一个平台可以做更多的事情，而她也只是许许多多利用这个平台做成事情的人之一。黛比打开浏览器，在网站上搜索有关乔普林市的教室捐助项目，结果发现一个都没有。因为乔普林市没有老师用过DonorsChoose.org，所以黛比利用网站免费提供的工具给他们创建了一个专门的募捐网页——任何用户都能这么做。这样人们就可以为在上面提交的任何一个项目进行捐助了。

之后，黛比开始通过邮件、Facebook、Twitter等任何她想到的途径来联系教育公司，请求他们为乔普林的老师们捐献教学用品，只要她能带过去的都行。正是由于互联网的帮助，黛比得以为自己发起的活动造势。她最终联系到的人数以千计，我自己和hipmunk团队成员也在其中。我们被她的所作所为深深地感动了，于是帮忙安排航班让她飞到乔普林。在亲自带着那些募捐而来的教学用品到达乔普林5周之后，她已经在网上筹到超过40万美元的善款、三辆38个轮子的大拖车，还有大量从全美各地运过来的箱子，里面装满了给乔普林老师使用的教学用品。所有这一切，黛比都是在自己位于弗吉尼亚州切萨皮克市的家里完成的，仅仅使用了社交媒体这一种工具而已。

7 月 3 日那天，黛比到达密苏里州的乔普林市，看到了令人震惊的场景：

> 网上的图片并没有清楚地展示当时的状况。请试着想象一下你上车之后遇到的情景，开出去 10 公里后拐弯再开 1.6 公里，然后再拐弯开 10 公里，继续开了 10 公里之后，就能看到乔普林被摧毁后令人难以置信的景象，有些地方我本来听说有数百栋房子，但事实上只能看到水泥地基或者地下室……然后就没了……没有任何迹象显示那里曾有过建筑物……再往里走一点还能看到有些房子的部分结构还在，却不可能再修复到原来那么完整……衣服、玩具、家具什么的都被建筑物倒塌后的碎片压坏了，散落一地……地面嵌入了这些受灾家庭的生活片段……许多地区看起来像是一个大搅拌机，里面的东西被扔得到处都是……树木要么被扒下皮来，要么被连根拔起……大自然接管了一切，那些看起来差不多已经死了的树现在又逐渐冒出绿芽来。①

黛比在乔普林市停留了 12 天，把自己筹集来的物资分发出去，并教会当地的老师们如何在 DonorsChoose.org 上发起自己的捐助项目。在做这些工作的百忙之中，她又抽时间给我发了封邮件通报最新情况：

> 悲剧的发生总能激发人类的善良和同情心……这里的人们夜以继日地工作，就是为了确保师生们能够在 8 月 17 日重返学校。大家都怀着重建家园的乐观精神做这些事情。乔普林的 260 名失去教室的老师几乎全都注册了 DonorsChoose.org，并在接下来的一周半时间里进行培训。

① 节选自黛比给我的邮件。

互联网令人们心意相通。这种感觉无论发生在携手合作的邻里之间，还是发生在通过网络伸出援手的陌生人之间，都是一样的。黛比说得好："它让世界变小了，因为你因此而相信人们真的彼此关爱，也真的愿意互相帮助。"

当乔普林的学校准时开学时，黛比的辛苦付出得到了回报。截至开学的第一天，她一共为 260 名老师筹款超过 80 万美元。其中一半的数额是通过 DonorsChoose.org 在风暴过后的 4 个月之内筹到的。

除此之外，DonorsChoose.org 的团队甚至还和我们其余的一些捐助者一起去了乔普林市察看情况，在任何允许的情况下对黛比进行鼓励和支持。在整件事情当中都没有传统守门人的角色参与：学校没管，政府没管，连 DonorsChoose.org 的工作人员也没有插手。**当具有超强能力的个体可以利用类似 DonorsChoose.org 这样的平台和其他社交媒体时，他们就能做成大事。**正是这样的公平竞争环境令每个人都能够吸引别人的注意力。

更令人感到振奋的是，这样的人永远是不为人知、能力也未获肯定的草根阶层，正是他们的共同努力为世界带来了翻天覆地的变化，然而直到最近几年，他们才能利用互联网这种工具在更大的范围内、更有效地实施自己的想法。

他们的成功并非凭空产生的，然而却不为大众所知，原因就是最后只有少数人会站到摄像机面前或者接受记者采访。黛比·瓜尔迪诺非常谦虚，连自己应得的赞誉的一半都不肯接受。在黛比背后，站着 5 000 多个受她激励的捐助者，他们也相信自己有能力改变世界，于是在这场活动中尽己所能、倾囊相助。

人人都是投资人

> 众筹给了所有人使用互联网资助自己所信任项目的机会，现在，人人都戴上了投资人的高帽子。

由查尔斯·贝斯特设计的这个模式不仅仅适用于学校用品和电脑。相比DonorsChoose.org，Kickstarter在更大的范围内获得了成功，也已经验证了这种模式，并普及了一种全新的、适合大众用户的融资方式，也就是众筹。人们对众筹的本质应该不陌生，即连接赞助人和创新者，共同生产好产品。在这里，主角是赞助人，而非捐助者。人们不捐款，而是承诺要为某种产品的生产支付一定的款项，只要融资的目标达到之后，就能从中获得特定的回报。用“赞助人”替代“捐助者”，用“创新者”替代“老师”，你再重读本章开头对于DonorsChoose.org的介绍就会有一番新的感受。

所有的事情都正在改变，没有人知道接下来将要发生什么，或者当前的变化会以什么方式结束——正因为如此，我们才应该感到欢欣鼓舞。众筹给了所有人使用互联网资助自己所信任项目的机会，现在，人人都戴上了投资人的高帽子。

世界上有无数因为互联网成人之美的潜能而变成现实的事物，如教学用品充足的公立学校、在大学寝室建立的创业公司和被消息灵通者投资的创新性项目，这些只不过是其中的几个例子罢了。

这里恰好有一个我自己特别信任的众筹的例子，只要论及它，我花上几个月的时间都愿意。在 2012 年美国总统大选期间，埃里克·马丁（Erik Martin，reddit 的总经理）和我发起了这个项目，以众筹的形式为一趟穿越美国中心地带的“互联网 2012 巴士之旅”寻找赞助。我们想在旅途之中和遇到的人谈论互联网自由。我将在第 8 章里深挖这趟旅行背后的政治意义，不过现在，我只告诉大家我们的目的是为了消除互联网的神秘性，在此之前这件事只有硅谷的那帮人才在乎。我们带了 6 名记者和自己的摄影团队同行，以便记录旅途中发生的故事。后来，我们把他们记录的素材制作成了一部纪录片，名字是《硅草原：美国新型互联网经济》（*Silicon Prairie: America's New Internet Economy*）。

一路上我们遇到了很多优秀的人，其中包括一名叫卡尔·布莱克（Carl Blake）的农民，他是艾奥瓦州人，以养猪为业。他向我们“互联网非核心委员会”的一群人讲述了自己对众筹的看法：Kickstarter 这样的平台可以帮忙筹集种子资金，以实现他在农业方面的革命性想法，而传统的投资者是肯定不会赞助他的。他已经计划好要利用互联网来避开传统的融资方式，因为这样才有可能成功。那次活动是在一座被关闭的桥上举办的，能顺利完成要感谢艾奥瓦州的一家传奇性创业公司 Dwolla。该公司专注于未来的在线支付领域，其网络已经使大大小小的商业交易在支付方式上发生了改变。事实上，我也使用过 Dwolla 在线付款给我自己的独立合伙人。

我们还和内布拉斯加州林肯市的一家创业公司 Hudl 共同观看了一场高中橄榄球比赛。这家公司开发了一种软件，可以让球队教练和自己的队员共享拍摄下来的比赛画面。Hudl 在这个领域取得了相当大的成就，而我们有幸亲眼看到了这一切。①

Hudl 还允许一名有才华的运动员为自己制作一个看起来很专业的比赛精彩回放集锦视频，而传统的视频制作费用对于那些家庭情况较差的学生来说是难以负担的。如果一名学生要申请体育奖学金，那么这种视频就很有用了。

加尼特·格里贝尔（Garnet Griebel）和凯蒂·米勒（Katie Miller）这两位女士在网上认识之后，共同创建了珠宝品牌 Scarlett Garnet。在此之前，她们分别在手工艺品交易网站 Etsy 上获得了成功。Etsy 创建于布鲁克林，目前在全球各地都有业务。显然，Etsy 改变了她们两个人的生活。Scarlett Garnet 最初只是 Etsy 上的一家网店，现在在圣路易斯的商业区也开了一家实体店。当我们的巴士经过圣路易斯的时候，我去店里拜访了一下。如果你也在市区的话，也可以抽空去看看。

在内布拉斯加大学的礼堂，满满一屋子大学生看着我用手机的快捷拨号键给国会议员打电话，问他是否支持互联网自由。我要确保他们所有人

① 有了这个软件，教练们就不用再把时间浪费在用原始而过时的方法编辑和分享比赛视频上了，而是能有更多时间和家人相处。据称，Hudl 甚至还曾因此拯救过几段婚姻，不过可惜我们没有亲耳听到这些故事。

都知道，互联网自由有多么容易实现。（有个 App 就是专门干这个的！）有一名在休息站休息的卡车司机知道我们的目标之后，主动提出来要加入我们的队伍。我们向在路上遇到的每个人都清楚地解释，为什么把那辆巴士装饰成半红半蓝的样子，还挂上“互联网 2012 巴士之旅”的字样。毫不夸张地说，他们听完之后都为这趟旅行而兴奋不已。

除了这辆巴士比较特别之外，在路上护航的头车也很特别，它是由 Local Motors 公司制造的。更值得注意的是，这辆车的制造不仅全部在美国本土完成，而且其设计也是完全通过网络众包的方式产生的。没错，世界各地的人们都可以为这辆制造中的车贡献自己的设计方案，并最终在生产线上实现出来。结果，从创意阶段到成车的制造成本还不及传统汽车制造的一个零头。另外，这整个过程的发生地也有区别，一个是在虚拟空间，另一个则是在美国的国土上。

Local Motors 的这种制造模式最初是约翰·罗杰斯（John Rogers）想到的，当时他还是一名在伊拉克服役的海军。他经常被效率低下的汽车替换部件供应搞得焦头烂额，他深信必须要有一种更智能的方式来制造并维修车辆。回到美国后，他看到汽车制造业的效率同样低下，于是深深意识到旧的秩序应该被打破了。因此，他首先建了一个网站，然后又建了一座工厂，这就是 Local Motors。

在 LocalMotors.com，你可以看到一个设计师的社区，在那里人们可以贡献与汽车有关的任何元素的创意，包括从车身外观到内部的每个细节。所有提交的设计方案都遵循知识共享协议（Creative Commons），在有知识产权归属的前提下允许用于非商业用途。公司的设计师可以使用在该社区里提交的任何元素，设计此元素的人会获得报酬。不过，除了钱之外还可以获得更多。

“互联网2012巴士之旅”护送车的主要设计者金桑洪（Sangho Kim）当时还是加利福尼亚州帕萨迪纳艺术设计学院的一名学生。他获得了2万美元的奖金，还因此得到了通用汽车在韩国的一个设计师的职位。Local Motors把工厂位置选在那些有望在当地销售汽车的地区，这是一项被称为“微工厂零售”的实践，也就是说，公司的第一座工厂是制造沙漠赛车的，那么就会建在美国西南部。从虚拟到现实，互联网经济无国界。

无论是用纽约众筹网站为自己筹资的艾奥瓦州养猪专业户，还是为亚利桑那州汽车制造商设计汽车的加州艺术学院学生，这些优秀的人们都通过日新月异的新型工具把自己的想法付诸了实践。在很多案例中，像黛比·瓜尔迪诺这样的人虽然一行代码也不会写，照样能做成了不起的事情。如果你是从第5章开始读到这里的，那么你一定明白开发软件的能力多么有价值，但这种能力并非是在网上获得成功的必备条件。

众筹的启示之一就是，你的贡献者们给的不只是钱，他们还是布道者，会把与你的项目或任务相关的信息传播给更多的人。如果你认为让别人尝试你的产品本身是一件不容易的事，那么要让他们把自己辛辛苦苦赚到的钱也掏出来，那就更是奇迹了。无论是一个在DonorsChoose.org上捐助教学用品的人，还是一名为下辆Local Motors汽车贡献某个创意的工程师，他们都实际地或者在象征意义上投资了这个项目，并且希望它能成功，因为这样就能证明他们为此所冒的风险是值得的，而且这种感觉棒极了。

这就是那些意志坚定又彼此心照不宣的人的故事。借助一种可以填平灵感与行动之间鸿沟的技术，他们已经激励和动员了一批人。他们也从来无须寻求任何人的认同，他们的赞助者、支持者和捐赠者也同样不需要。无论是在弗吉尼亚州切萨皮克使用一台电脑上网，还是在亚美尼亚首都埃里温，你都会感受到同样前所未有的便捷和力量。更重要的是，还将会有更多的网络工具被开发出来去帮助世界各地的人们发现并解决问题，比如像黛比·瓜尔迪诺和约翰·罗杰斯这样的人。想不想把世界变成一个更加美好的地方？或者，就像我喜欢说的那样，让世界变得不那么糟糕？还等什么！

WITHOUT THEIR PERMISSION

07

粉丝经济，培育你的社区

|用负责任的方式赚钱|

显然，YouTube视频是开着的。在一个空旷的房间，你看到一个坐在轮椅上的年轻人。他有很典型的大脑性麻痹症状：呆滞的眼神、僵硬的四肢、时断时续的话语。你马上感到深深的同情。这个年轻人介绍自己的名字是扎克，来自得克萨斯州的奥斯汀。你搞不清楚这是什么状况。对方则坚称你们之前见过，当时火花四溅，不过现在是时候更好地互相了解对方了。他把自己的病称为“最性感的麻痹症”，而你发现这情形跟你想象得一点也不一样。

这就是我一次见到扎克·安纳（Zach Anner）时的情景。他的粉丝们也跟我在同一时间见到了他，这个群体实在太庞大了！那时候的扎克出现在网络浏览器里，是一个只有几百像素的形象。不过他的视频就像坐了火箭似的迅速窜到了reddit的首页，并很快风靡整个互联网。当时，奥普拉·温弗瑞（Oprah Winfrey）发起了一个竞赛，获胜者将会在她最近发布的OWN网站上做自己的脱口秀节目。参赛者只需提交一个视频来向全世界证明，为什么自己将成为下一个伟大的主播。扎克·安纳当然不适合当一名循规蹈矩的传统主持人，但也正因为如此，才有这么多的人成为他的粉丝。这是一个用原生态语音跟观众说话的人。他的视频在最初的两周默默无闻，直到被放到reddit上之后，忽然变成了疯狂传播的病毒视频，并收获了几百万人的投票。

然而，就像创新遇上商业赞助时通常会发生的那样，现实总会有争议。扎克本来以绝对的优势领先，但突然冒出来一大批其他竞赛者的视频，尽管在得票数上与扎克的视频完全没有可比性，却跃到了它的位置之上，或者不相上下。扎克的粉丝断言这背后必有阴谋，一定有人想让扎克赢不了，而 OWN 也坚定地表示，他们会调查任何竞赛中的不正当行为。不管怎样，网友可不是那么容易就善罢甘休的。一切就仿佛"喷喷先生"的故事在重演。甚至连约翰·梅尔（John Mayer）[①] 也参与进来，表示扎克一旦获胜，自己将为他的脱口秀节目创作一首主题歌。有这么多网友和能写出《*Your Body Is a Wonderland*》这首歌的家伙支持，扎克怎么可能输呢？投票潮水般涌向扎克，最终全美有超过 900 万人投票支持他做自己的 OWN 脱口秀节目。

好事多磨，竞赛并未到此结束。当 OWN 的官方统计数据返回来时，扎克并不在 5 名得票数最高的"获胜者"之列，反而和另外两名"粉丝最喜爱者"归到了一起。这让人感觉就像得了一个安慰奖，如同我们小时候得过的那种"参与奖"。扎克和其他 9 名获奖者飞到哈普工作室（Harpo Studios）[②]，为了最终赢得脱口秀节目的机会而互相竞争。

扎克一路过关斩将，直到最后一轮淘汰环节，到了决定他和另外一名选手去留的时刻。对手名叫克里斯蒂娜·克劳科（Kristina Kuzmic-Crocco），是一名来自加州的母亲，性格活泼开朗。她特别想做一档自己的美食脱口秀节目。说起来有点奇怪，竞赛到这里有点虎头蛇尾，OWN 居然决定给两名选手都制作脱口秀节目。看起来扎克好像最终在某种程度上实至名归了。

① 美国音乐人。2003 年，凭借《*Your Body Is a Wonderland*》获得了第 45 届格莱美最佳流行音乐男歌手的称号。后来又三次获得该奖，从而成为唯一一个四获格莱美最佳流行音乐男歌手奖的乐坛巨星。——译者注

② 奥普拉自己的节目制作公司。——译者注

不幸的是，实际情况很快就明朗了，扎克必须得按照奥普拉公司制片人的要求去做节目。更过分的是，即使在扎克已经压抑了自己创意的情况下，还有更大的压力向他袭来：OWN 花了很大力气去吸引普通观众的注意力，而没有花心思去吸引哪怕一个扎克·安纳的观众，这导致他在受众定位方面遇到了很大的问题。最后，扎克的节目《*Rollin'with Zach*》只在 OWN 做了 4 期就停了。而且在这么短的节目生命周期内，没有一期完整的节目视频被放到网上。事实上，除了少数恶搞的东西之外，你很难在网络上的任何地方找到有关这个节目内容的只言片语，到今天依然如此。后来的 6 个月里，扎克又回到了奥斯汀，并且打算搬到他父母在水牛城（Buffalo）的房子里去。尽管他在全美各地拥有数百万的粉丝，但现在还是失业了。

这就是我们见面时他的现状。那是凌晨 4 时，下着冷冷的细雨，我们在得克萨斯圆石头城的一座教堂的避雨篷下吃着巨大的甜甜圈。短暂的交谈之后，我简直不敢相信，如此优秀的一个人，既拥有独一无二的幽默感，又对这个世界格外充满善意，居然不能用自己的才华谋生。扎克仍然对奥普拉充满感恩，同时也为能做自己真正想做的旅行真人秀节目而感到担忧。我们一边嚼着甜甜圈，一边筹划他基于互联网的复出。尽管自己的节目曾经受人摆布，但扎克毫无怨言。相反，恰恰由于奥普拉没有让他成功，数百万不知名的网友才给了他更宝贵的财富：

> 这是一种我从来没有经历过的特别美妙的感觉。在那之前，我只是一个有点雕虫小技的无名小卒。我知道自己有一些才华，但不是每个部分都能相互匹配。怎样才能做点对社会有用的事情，然后以一种积极的方式去影响别人呢？在那个视频红遍网络之前的很长一段时间内，我都不知道自己的想法是否可行。我曾经花很多时间把头往墙上撞，就是为了把一切都想明白。以前我经常把自己和无家可归的人联系到一起，想着如果不能找到一个办法让自己对社会有点用处，那么

我的结局很可能就跟他们一样了。当那个视频在网络上蹿红后，我收到生平最好的礼物，因为它为我打开了一扇门，让我可以施展自己的才华，同时也让我明白了人生的意义以及万事万物存在的理由。

与全世界分享你的才华

> 如果你真想做点令人印象深刻的事，就一定能找到办法。

现在我要解释一下那个从本书第1章开始就出现的面包小猪（Breadpig）[①]是怎么回事了。那个飞猪的英雄形象是我的社会企业的吉祥物。我们制作并售卖极客风格的产品，所得利润全部捐给慈善事业，有点像面向书呆子以及各种技术迷的“纽曼私房”（Newman's Own）[②]。我们公司里的任何一个人以前都没有制作过电视节目，我也跟扎克照实说了。而且，公司在《*xkcd:volume 0*》之前也没有出版过书。关键在于，**如果你真想做点令人印象深刻的事，就一定能找到办法。**在这个过程中，只要借助别人的帮助，甚至连制作电视节目和出版也能学会。尽管从第一天起我们就不具备做这些事情的核心技能，但我们的的确确又拥有更加重要的东西：一个人们喜欢的产品（我相信你肯定记得第5章的相关内容）。从那时起，我们所要做的就是寻找具备相关技能的人，把我们的优秀产品推广出去。

毫无疑问，我的方法是互联网。像YouTube和Vimeo这样的视频平台拥有很多能力强大的内容创造者，同时又能通过广告来为后者提供额外的收

① 如果你想知道它为什么叫“Breadpig”，那就听我说。当时史蒂夫和我正在为reddit起名字，我们用“read”做关键词在网上搜索过期的域名，然后就找到了Breadpig.com。我们被这个名字的荒诞含义征服了，于是立即买了下来。在史蒂夫的想象中，Breadpig应该是一只长有两个面包片翅膀的小猪，接下来的故事你们就都知道了。

② 一家食品公司，其所得税后利润的100%都会交给一家名为Newman's Own Foundation的基金会，再由基金会捐给各种教育和慈善机构。

益来源。在过去的几年里，像 YouTube 甚至亚马逊这种全球性的互联网公司都涉足内容制作领域。它们建立起各自的工作室模式，而且在传统工作室不可能制作的内容上下了很多不太大的赌注。它们开始资助能够吸引受众的原创内容，挖掘创造力旺盛的人才，同时又具有相当的洞察力，认为网站并非只是一个视频领域的在线观看空间，它还是一个可以进行创作的重要平台。我们先去了 YouTube，因为扎克的受众群在那里，另外 YouTube 的名气也比较大。在脱口秀节目失败 6 个月后，扎克又重新回到了传统电视节目“终结者”的状态。[①]

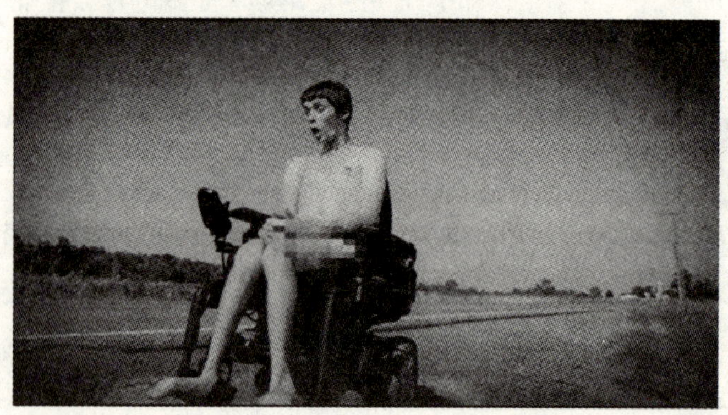

扎克的粉丝立即明确地做出了回应：“私人军团时刻等候召唤！”[②]听到他要回归的消息，整个互联网沸腾了。扎克找到了视频短片《担任警戒》（*Riding Shortgun*）的赞助商，后者垫付了一部分制作费用以置换一些植入广告。没有人知道下一步会怎样。扎克·安纳只想靠幽默来谋生而已。他探索了通过众包的形式来制作视频长片的可能性。这很有可能成为被其他制

① Terminator，电影《终结者》里的机器人角色。这部电影在 1985 年被剥夺了奥斯卡最佳影片提名，与小金人擦肩而过。这部电影的开场展示了神奇的时光旅行方式，即一个人（裸体）可以利用能量球穿越时空。

② 语出一位名叫 DoubleElite 的 reddit 用户。据我所知，扎克当然并不是真正拥有私人军团。

作公司看中的又一档在线节目。我们清楚地知道，随着支持扎克的途径越来越多，他的观众数量每天都在增长。创新者们创建工具，目的是为了满足所有使用这类工具的创意人士，因此他们会流露出一种普遍的乐观情绪。正像扎克说的："没有哪座山高到无法攀登，也没有哪座亚特兰蒂斯城淹没在无人知晓的水底，否则它们就不存在！"

我们愿意相信，是金子总会发光。哈里森·福特（*Harrison Ford*）最初只是一位自学成才的专业木匠，被乔治·卢卡斯雇用为他家装橱柜。卢卡斯后来拍电影《美国风情画》（*American Graffiti*）的时候选中他去演其中一个角色，又把他送上了通往《夺宝骑兵》（*Indiana Jones*）的星光大道。[①]可是，如果哈里森·福特在给乔治·卢卡斯家装橱柜时用错了锤子，或者当时正从事其他的工作，那么梭罗（Solo）[②]最终不会说出"我知道"这句话，而是会说"我也爱你"。[③]像哈里森·福特这样的故事数不胜数，才华横溢的个人在传统的体制下不会有出头之日，无论是在音乐、电影、电视，还是出版领域都是如此。然后忽然之间，可能是借助某种关系，或者是通过坚持不懈的努力，又或者纯粹是运气好，这个人就咸鱼翻身了。这个体制肯定会促使一些浪漫的故事发生，但当你想从中寻找真正有智慧、有才华的人并帮助他们做成一些事的时候，那么它实际上是一种特别糟糕的商业模式。这种老旧的模式极有可能不会把扎克·安纳送到电视台，不管他的棱角被磨掉多少，也肯定不会让他有机会做一档自己的节目。颇具讽刺意味的是，传统的广播电视网也在互联网上发掘人才，但最终还是无法驾驭它，因为他们非得把扎克硬塞进电视这个模子里，而扎克在那里既没有创作自由，也没有观众基础。

---

① 详见《演员工作室》（*Inside the Actors Studio*）第 6 季，第 13 集（2000 年 8 月 20 日播出）。

② 哈里森·福特扮演的角色名。——译者注

③《星球大战 5：帝国反击战》中的著名台词，完全是由哈里森·福特自由发挥的。

除此之外，还有什么其他选择吗？答案就是扎克自己，就是他通过任何可以放到网络上的内容直接与粉丝联系，用网络漫画、YouTube视频，或者用其他任何人们刚刚发掘出来的新鲜玩意儿，刻不容缓。在建立起受众群之后，要采取负责任的方式从这些人身上赚钱，可以利用广告、附加商品等传统办法，也可以通过专门的、为创意项目进行融资的平台。我们正在见证互联网如何系统地解构当前各种传统的组织运作方式，比如YouTube之于视频发行、Kickstarter之于金融等。在线广告的方式多种多样，而这只是其中的一小部分，还有更多已经存在的或者即将出现的形式。总之，对于艺术家来说，有大量途径可以避开传统的守门人角色，每天都有更多途径涌现出来。据此来说，确保这些新兴的媒体巨头不变成新的守门人也至关重要。

虽然某些伯乐一样的人物可以识别出哪些是千里马而哪些不是，但核心问题在于伯乐本身的标准并不一致。这对于每个牵涉其中的人来说都不是一笔好买卖。时光倒退到1979年，一家地方动物保护协会的动物虐待调查员有机会每周在《西雅图时报》上连载一部名为《大自然之路》（*Nature's Way*）的漫画。他热爱漫画胜过自己的本职工作，于是就产生了一个想在多家媒体上发表自己作品的念头。恰好他去旧金山度了一个假。在旧金山的时候，他把自己的作品投给《旧金山纪事报》（*San Francisco Chronicle*），在离开的时候又很幸运地拿到了一个可以在全美30余家报纸上发表作品的邀约。我说“幸运”是因为当他回到家时，《西雅图时报》取消了他的连载——可能有些读者会认为这种说法有冒犯的嫌疑。如果没有《旧金山纪事报》的要约，他可能那时候就“放弃漫画了”，而世界上也将少一位加里·拉森（Gary Larson）这样的漫画家，或者少一部《在远方》（*The Far Side*）这样的作品了。

结果，拉森没有在动物保护协会默默无闻地工作，而是创作出了20世纪最受欢迎也是我最喜欢的漫画作品。有时候事情就是这样的。所有的成功多多少少都包含运气的成分。但好运并不是凭空出现的——开放而具有连通性的互联网促使幸运机遇发生的比例空前提高。我不愿意细想所有我们错过的、类似加里·拉森的遭遇，这些人们之所以与成功失之交臂就是因为他们从来没有偶然地去度个假，也没有在跟全世界分享自己的才华之前吃过守门人的闭门羹。

当出版遇到众筹

> **培养你的受众，做他们想要的东西，把产品卖给他们，周而复始。**

接下来我要介绍另一位叫扎克的人了。扎克·韦纳史密斯（Zach Weinersmith）[①]嗓音动听，有一头又长又密的飘逸红发，举止庄重，散发出超过自己年龄的成熟气质。周六早餐麦片（*Saturday Morning Breakfast Cereal*，*SMBC*，www.smbc-comics.com）是世界上最著名的在线漫画网站之一，韦纳史密斯是该网站背后的作者和艺术家。成千上万的人每天都会访问这个网站——他非常有规律地每天都发表作品（颤抖吧，每天更新的报纸漫画版）。此外，与周日漫画的标杆《家庭马戏团》（*The Family Circus*）不同，扎克的作品内容确实都非常搞笑。

扎克的作品经常被拿来与加里·拉森进行比较——两个人同样都是集书呆子气和时髦特质于一身。不过扎克要更幸运一些，不必完全依赖出版社才能把作品发表出来。只需负担得起申请一个域名的费用，他就能保持

① 原名扎克·韦纳（Loch Weiner），后来他把自己的姓和妻子的姓合并到一起，这样就产生了一个与众不同的名字。他的妻子原名凯莉·史密斯（Kelly Smith）。夫妇二人也和他们的名字一样可爱。

自己在艺术方面的旺盛创造力。他从高中起就开始发表作品，那时只是为了好玩，然而经历了一年在娱乐行业的“讨厌生活”之后，他决定把漫画当成自己的职业。为了维持生计，他曾经一边从事隐藏式字幕编码的工作，一边创作。两年之后，他的广告和作品销售收益就可以养活自己了——他的描述是“足够付房租和买点大米吃”。又过了一年，他就能靠自己的漫画作品活得“比较舒服”了，我们只能想象成这时他已经可以买很多袋大米了。又过了 4 年，他成为世界上最著名的网络漫画家之一，也不再对外透露自己每年可以买多少卡车的大米了。

我第一次了解扎克的作品是在他的网络漫画开始定期出现在 reddit 网站上的时候，比如在 /r/funny 或 /r/comics 这样的二级页面下。那时距他不愁吃大米还有很长一段时间。不久后我就提出要做他的出版人，就像我之前曾跟兰德尔·门罗（Randall Munroe）[①] 说过的那样。2011 年，Breadpig 出版了扎克的第一本作品集《救救你自己吧，哺乳动物！》（*Save Yourself, Mammal!*）。

真正令扎克的漫画集脱颖而出的，是他在每页的页脚都画上一个小涂鸦。连起来之后，这些涂鸦就形成了一个微型的“选择你自己的冒险”（Choose Your Own Adventure）[②] 风格的漫画系列。这是一种天分：他表现了一种复杂的决策机制——只依靠一个图标和少量文字来前进。在第二本漫画集《最危险的游戏》（*The Most Dangerous Game*，延续了扎克基于页脚的冒险模式）成功出版后，我告诉扎克一个疯狂的主意：做一部完整的“选择你自己的冒险”式的故事作品。

① 《*xkcd*》一书的作者。此书也是一本顶级的网络漫画，名字虽然奇怪，但拥趸众多。——译者注

② 原版受版权保护。

与“选择你自己的冒险”系列一样，这部作品取决于扎克的智慧和大量壮观而随机的死亡场景设计。当扎克从他不知道藏在哪儿的创作小黑屋里冒出来时，交出了《克隆人的审判》（*Trial of the Clone*）这部作品。这是一趟充满未来主义色彩的神秘之旅，你是主角，扮演一个由太空修道士养大的克隆人，想要寻找自己作为一名银河英雄的最终命运。然而，就像书的封面所说的那样，这件事并不容易：“一旦做出错误决定，你就会死。真正死去。也很难说清你到底会怎么死去。所以预先给你一个小提示：尽量做对的决定。”

正常情况下，作为出版商，Breadpig 要面临印刷成本的压力，通常发行一万本书要花费数万美元。等我们的收支平衡后，就开始给扎克开支票。反正前几年出版就是这么运作的。但这个行业也在不断创新，所以现在的情况跟以前不太一样了。

我亲眼见过 Kickstarter 是如何在 Pebble 的众筹活动中发挥它的社交威力的，在本书第 5 章有详细记载。我说服扎克把《克隆人的审判》这本书放到 Kickstarter 上做众筹。万事俱备，只差一个能引人注目的视频和为不同级别的投资人设计不同的回报方式了。我们想了一些很直白也物有所值的回馈方式，扎克也录制了一个言简意赅的宣传视频，看起来就像是用笔记本电脑摄像头拍出来的。在视频中，扎克一边同时在读两本书，一边解释说他一直梦想可以创作出一部“选择你自己的冒险”风格的作品来。足够简单，也足够有效。作为对自己读者的额外激励，他还说要把从这本书中赚到的钱给自己的妻子凯莉，支持她做有关鱼类寄生虫方面的研究，从而推进科研进步。扎克的视频不需要任何制作团队或市场调研，我甚至怀疑这家伙只花了不到 20 分钟就做好了，但他用这个视频与成千上万的陌生人建立了联系。

我知道我们需要 1.5 万美元来发行第一版，于是就把这个数字设定成众筹目标。短短几个小时之内，我们就有预感肯定会达到目标，果然这一天结束的时候就达到了。在那一刻，扎克通知了赞助者们最新消息，并宣布如果我们众筹得到的资金达到了另一个数量级的话就会有新的回报。其中包括一些精心设计的惊喜奖励，资金数额一旦达到 5 万美元就立刻生效，然后扎克就会承诺创作续集。那种“你建好了，他们就会来”的日子一去不复返了。[①] 互联网让我们看清楚，我们还没建好的时候他们会不会

① 想象一下，如果扎克的故事是电影《梦幻之地》(*Field of Dreams*) 这句台词所说的情况，那么魅力将大打折扣。(《梦幻之地》的主角雷是一个在青少年时期因与父亲失和而无法完成梦想的农场主，有一天，他开始反复听到一个神秘声音说：“你建好了，他们就会来。”于是他把自己的玉米地铲平，改建成一座棒球场。结果他的棒球偶像真的到那里去打球了，他也解开了与父亲多年的心结。——译者注)

来。当人们把自己的辛苦钱投入进去后，我们不仅能马上付清印刷尾款，还能收获更多的宣传者。

扎克用了所有看得见的渠道去宣传即将面市的这本漫画集，但更重要的是，事后他还通过这些渠道鼓励自己的赞助者，甚至还有那些愿意帮助宣传又没钱投资的人。他也开始发表恶搞的版本。当他让批评家们决定如何就此发表评论的时候，恶搞版就变成了批评家们的“可选择性路径”冒险——当然，是集体性的冒险。

这又产生了更多的内容，也导致了关于这场众筹活动的更多讨论，并且有更多的人认识到扎克·韦纳史密斯作品的独特性，呈现出良性循环的兴奋度在持续增加。活动结束时，扎克总共筹到了 13.013 2 万美元，并直接向读者卖出了 4 000 多本书，还承诺要出续集。这真不错呢。6 个月后，我们在 Kickstarter 上发布了扎克的另一本与科学相关的书《科学：自 1543 年以来所向披靡》（*Science:Ruining Everything Since 1543*），在最初的两天里就筹到了 10 多万美元。所以，**培养你的受众，做他们想要的东西，把产品卖给他们，周而复始。**

用创新做正确的事

> 正在被创业者实践的创新应该能够为艺术家们所用去做正确的事，并且阻止那些欺侮他们的人。

这是一张在网上点击量数百万的照片：莱斯特·钱伯斯（Lester Chambers）举着一张遮住自己脸的金唱片，上面附有一张纸条。钱伯斯是 20 世纪 60 年代一支名叫“钱伯斯兄弟”（Chambers Brothers）的灵魂乐队的主唱。一开始，他的儿子迪伦（Dylan）把照片上传到了 Facebook，不久后这张照片跃升至 reddit 的二级页面 /r/music 社区的顶部位置，接着就开始在整个互联网上流行开来。

图片由迪伦·钱伯斯提供

图片上文字大意：“我是乐队前主唱……我并未将我的钱花在嗑药或者买大房子上。在见到我的专辑的第一笔报酬前，我熬过了 1967—1994 年的困苦生活。唱片公司为我录制的 7 张唱片付了报酬，而另外 10 张唱片的钱我一个子儿也没见过。我们的成名曲在未经允许的情况下被授权给了 100 多个电影、电视节目或者广告。一家大的广播电视公司把这首歌用在了一个全国性的商业广告上，而我只得到了 62.5 美元的报酬。现在我 72 岁了，靠每月 1 200 美元的收入过活。一家名叫‘REIIF’的音乐慈善机构在为我捐款。只有 1% 的音乐人有钱起诉唱片公司，而我是那 99%。”

/r/music 社区一个名叫 Larakius 的用户对此发表的评论获得了很高的票数，他恰如其分地说出了大多数人的心声："所有这些唱片公司都声称'我们必须停止盗版来帮助音乐人。由于当前大量非法下载的缘故，他们几乎无法维生'，这真让我感到恶心。一群贪婪的混蛋们！"

另一个名叫 astrodust 的用户补充说道："'帮助音乐人'的意思是'帮助唱片公司替音乐人拿到钱'。"

与大部分看到这张照片的人一样，我感到很厌恶。唱片公司占音乐人便宜已经不是什么新鲜事了，但这张照片让数以百万计的人们在网上看到了一位音乐人真实的困境。它揭示了这个问题的真实面目（当然，确切地说，并不是所有人都露出了真实面孔，莱斯特就遮住了自己的脸）。

与此同时，娱乐行业却还在大肆吹嘘自己在发掘音乐人才和维护音乐人权利上的"重要"作用——大概也是像莱斯特这样的音乐人。他们还不如把时间花在真正去帮助这些音乐人身上，而不是在这里夸夸其谈。相反，他们把这一切都归咎于互联网。我曾经有机会与乔纳森·塔普林（Jonathan Taplin）就此进行辩论。他是一位前乐队经纪人，现供职于南加利福尼亚大学（University of Southern California）。在塔普林看来，音乐行业过去的黄金时代非常令人怀念。当被观众问到唱片公司那些销量不好的乐队时，他是这么说的："当我们拥有源源不断的版权收益时，每个人都生活得很体面……音乐盗版令这种光景不再，版权也随之消失了。这就是问题所在。"

我们的争论是在纽约的一场主题为"创新未经审查"的会议上发生的，数百万美国人在那场活动中表达对开放互联网的支持，所以我很惊讶娱乐行业的人在经历了那场大冲击波之后这么快就故态复萌了。那是我第一次参加辩论，当时很紧张，不过那种感觉瞬间就消失了。那名观众随机问的问题不仅让我想起了莱斯特·钱伯斯，还暗示给我一种解决方案，那一刻我突然就拥有了足够的胆量去主张权利。

塔普林把论点围绕在他的一位好朋友莱沃恩·赫尔姆（Levon Helm）的不幸遭遇上。赫尔姆是一名乐队鼓手，10年前过上了塔普林所说的那种“体面的生活”，每年从版权中获得的收益为“100万、50万或200万美元”。赫尔姆多年来深受喉癌折磨，但是现在因为网络盗版他连医药费也付不起了。友情提示一下，当时美国的家庭收入中位数是5.005 4万美元，而赫尔姆在停止工作后很久的收入还是这个数字的三倍，的确是相当“体面的生活”。但是塔普林声称这种生活由于盗版而戛然而止。面对这种变化，大概更应该去批评美国的医保体系，而不是娱乐产业吧。但不管怎么说，这始终是一位身患严重疾病的艺术家的遭遇，跟他以前是不是百万富翁没关系。在那一瞬间，我在台上提出了一个极为诚恳的提议，希望帮助促成赫尔姆所在乐队其他成员或者他的亲朋好友想要一起做的任何创意性项目。随后，我又写了一封更加正式的公开信来表达自己对这个辩论主题的观点，《快公司》（*Fast Company*）杂志发表了这封信：

> 我希望我今天晚上讨论到的这些以及其他正在被创业者实践的创新，将能继续为艺术家们所用去做正确的事，并且阻止那些欺侮他们的人。请看一看Kickstarter和reddit正在做的事情吧。你很快就会发现，前者已经为那些众筹项目资助了数百万美元，而后者也没有在任何程度上实际伤害过艺术家们。恰恰相反，reddit上到处都是分享自己技巧经验的音乐人社区，以及大量喜剧演员的社区，他们都对自己的粉丝充满了尊重，还能直接出售没有数字版权加密技术（DRM）[①]保护的内容。

① DRM，全称Digital Right Management，一种加密技术，用于保护数字内容不被复制，或者在一定程度上使复制很困难。用户必须得到授权后才能使用。

就像我在台上说的那样，把乐队成员召集到一起再制作一张全新的专辑，或者做点其他事情来向赫尔姆致敬，这对我来说是一种荣幸——真的，无论任何创意项目，只要他们想做（当然这次是在 Kickstarter 上进行众筹），我都会觉得很荣幸。我们也愿意把项目发布在 reddit 的 IAmA 版上。

我已经准备好了自己的信用卡，相信其他 reddit 用户们和乐迷们也都准备好了。

不幸的是，莱沃恩·赫尔姆第二天就去世了。我确实想支持一些向他致敬的创意项目，就像我在公开信中写的那样，至少能为他的直系亲属筹点款。然而，没有人响应我的提议，塔普林教授在他自己的公开信里做出了回应：

你这是想借 Kickstarter 给每位伟大的艺术家一个虚拟的要饭碗……带上你的慈善走开吧。我们只想通过自己的工作获得报酬，而不是让你来单方面决定把这些工作的价值化为乌有。

无疑，塔普林观点的问题在于，他没有认识到恰恰是互联网才能帮助艺术家直接从粉丝那里获得报酬。我真希望自己拥有他暗指我已经拥有的那种力量，但我的确没有。数字革命改变了游戏规则，而我们大多数人——从艺术家到粉丝再到创业者，都理解这种转变，也正在适应。Kickstarter 恰好是数字时代伟大创新的一个例子，但是我也说过它只是其中之一，并且我希望这只是互联网改善社会的开端，而整个过程将会持续几十年。

从我们着手《克隆人的审判》这本书的出版发行工作到现在，已经几个月过去了。但我一直想在莱斯特身上再实践一下这个通过众筹融资的方法。毕竟，讨论某个解决方案远没有真正去实施它那么吸引人，而我又十分乐意实实在在地去做事。

幸好在2012年的时候，我们不用去寻求别人的认同也能制作这张完全由莱斯特·钱伯斯拥有的全新专辑。Breadpig会帮助他制作，不过我们公司的目的并非从中获取任何盈利，只是为了让这个世界变得不那么糟糕。莱斯特作为艺术家完成了大部分工作，他负责掌控整个项目及相应的利润。我们唯一的要求就是将开放互联网的精神传递出去，而他也愉快地答应了。这个项目的一部分利润将会用于帮助那些与莱斯特有同样遭遇的艺术家，具体由非营利机构Sweet Relief Musicians Fund来执行。不过在进入这个话题之前，我想再多分享一点莱斯特的故事。

直接从粉丝那里获得报酬

> 如果有一个机会可以通过互联网直接跟自己的粉丝建立联系，艺术家就可以通过自己的工作从粉丝手中直接拿到报酬。

当时，小约翰·哈蒙德（John Hammond Jr.）不经意间走到了圣莫尼卡（Santa Monica）这座加州西南部的城市，在那里遇到了“钱伯斯兄弟”。当时他正在环游美国，只随身背着一把吉他和一袋子衣服。“钱伯斯兄弟”收留并招待了他，后来发现他的父亲老约翰·哈蒙德（John Hammond Sr.）是哥伦比亚唱片公司的制作人。当时，这种以意外发现为基础的商业模式正值全盛时期。

鲍勃·迪伦（Bob Dylan）曾经邀请过“钱伯斯兄弟”在《墓碑布鲁斯》（*Tombstone Blues*）这首歌里唱背景声，这是《重返61号高速公路》（*Highway 61 Revisited*）专辑里的一首歌，“钱伯斯兄弟”听到这个消息后非常激动。但他们的音质太好了，甚至胜过了鲍勃·迪伦这个主唱，结果在录音结束后就被请到老哈蒙德的办公室。老哈蒙德给他们提供了一个与哥伦比亚唱片公司签约的机会。在那个短暂的时刻，名声与财富似乎距这4个来自密西西比的年轻兄弟只有一步之遥。老哈蒙德当时正准备离职，但他却想让“钱伯斯兄弟”无论如何都要签下这个合同。

然而，在哥伦比亚唱片公司，“钱伯斯兄弟”没有制作人，他们被“雪藏”了。公司给出的理由根本说不通——显然他们有另一个王牌组合要推，那就是Paul Revere&The Raiders。至少公司是这么跟莱斯特和他的兄弟们说的。

幸运的是，另一名制作人戴维·鲁宾逊（David Rubinson）这时候介入进来，告诉“钱伯斯兄弟”他们的声音实在太美了，无论如何也不能被忽略掉。他希望能看到他们的专辑出炉，还说服他们没有制作人也能做。莱斯特说：“我们花了不到1.2万美元制作了一张专辑。”然后，莱斯特怀着非常感恩的心情计划去波士顿做一场演出，正是那场演出促使他们的这张专辑最终有了出头之日。

“我们拥有了一大批歌迷，他们都听说这张唱片了。我们也把唱片即将面市的消息告诉了一个在剑桥市开唱片店的人。”这个人甚至不知道我们居然还有专辑，于是就预订了5万张。这些唱片在数小时内就被抢购一空。

“全卖光了。一张不剩。他是第一个销售这张唱片的人。”

这是一场大抢购。尽管唱片公司对他们完全不重视，但歌迷们自己找到了一个渠道跟“钱伯斯兄弟”产生联系。不过，马萨诸塞州的唱片店老板怎么才能听说他们呢？唉，我知道答案肯定不是/r/music，它虽然很棒，但终归不是在那个时代产生的。

唱片店老板看到他们的唱片一连好几天都处于售罄的状态，也看到大量忠实的歌迷无畏狂风暴雨只为一睹他们演奏的风采。这个名为“钱伯斯兄弟”的乐队开始成为万众瞩目的焦点。这跟互联网展示粉丝需求的方式是一样的，而现场演出则让剑桥这位唱片店老板亲眼见证了歌迷的需求。

“我们有歌迷。唱片不可能卖不出去。”

不用说，当“钱伯斯兄弟”回到哥伦比亚唱片公司总部的时候，情况变得有一点尴尬——公司接受了他们的金唱片（就是前面照片中莱斯特举着的那张），但却从来没有给过他们任何形式和意义上的“支持”。

尽管“钱伯斯兄弟”成功了，但唱片公司仍然没有对他们表现出更多的喜爱。莱斯特表示：“我们一次推广的机会也没有得到过。哥伦比亚唱片公司曾经送我们去做过一次宣传旅行……他们只是说你们得去这个或者那个商场做表演，然后把唱片当作赠品分发给观众。这就是他们宣传我们的方式。”

没错，这就是那个在1966年就免费向人发放唱片的行业！而它的行业领袖却还说自己被“人们想免费获得音乐的权利震惊了”呢。哥伦比亚唱片公司没有为“钱伯斯兄弟”的出现做任何宣传推广，只向人们赠送了唱片。尽管如此，“钱伯斯兄弟”还是慢慢地获得了认可。“我们在全世界的排名都在前十、前三这样的位置。”

说起这次免费赠送事件，莱斯特毫不掩饰自己的态度：“在我看来，唱片公司是世界上最坏的佃农了！”①

虽然经历了这么多事情，莱斯特还是有两个理由令他变得乐观：一是

① “钱伯斯兄弟”是在20世纪40年代的密西西比农村长大的。

他及时意识到唱片公司没必要存在，另一个就是永远陪伴在他身边的儿子。

“你真的不再需要唱片公司了，也不需要发行商。”乍一听，你可能会认为莱斯特正在科技圈的一次大会上向人们介绍自己的音乐创业公司。他的脸上浮现出一种严肃的表情。这可不像是接下来要讲什么“协同作用”的样子。

“我的儿子迈克尔·迪伦（Michael Dylan）说：‘爸爸，别担心。我永远不会离开你，永远支持你。’他还跟我一起睡过地板……全天下的父亲都应该有一个这样的儿子。”

虽然莱斯特疾病缠身，令人担忧，而且在音乐的道路上也举步维艰，但他绝不是一个人生的失败者。很明显，他的儿子肯定给了他不少鼓励。

当我告诉他 Kickstarter 网站并且表示要用众筹来资助他出唱片的主意时，他眼睛一亮。他的新老歌迷们都能够通过预订数字产品或者签名 CD（甚至是亲笔签名的牛脖铃）的形式来投资。在这个过程中无须跟任何唱片公司签合同，艺术家通过自己的工作从粉丝手中直接拿到报酬。说到底，这不也是塔普林教授所说的他想要的那种模式吗？

回首过去，莱斯特表示，唱片公司一直是横亘在艺术家和大众之间的障碍物。我问他，如果有一个机会可以通过互联网直接跟自己的粉丝建立联系会怎么样。他说：“天哪，你不知道，我是很开放的。尽管给我打电话、发邮件，我一定会回复你，必须地。能跟全世界范围的歌迷们直接沟通，那真的是太好了。”

莱斯特通过互联网就能跟全世界各地的歌迷联系，也不用把自己赚的钱分给中间人。

钱就在互联网上

> 有了社交网络，任何有好创意、能上网的艺术家都能够安心创作并对自己的作品进行宣传，然后从中获得收益。

10年前，美国唱片工业协会（Recording Industry Association of America，RIAA）的负责人卡里·舍曼（Cary Sherman）被询问，该协会是否由于数字发行商的出现而过时。他说："虽然音乐行业越来越多样化，但我们没有出现任何问题。因为这样会给新的唱片公司和艺术家提供更多的机会。"值得称赞的是，在互联网时代的必然性方面，舍曼的认识已经及格了。他还说："这与维持控制力无关，而是关乎能否为有才华的人提供公平的竞争环境并让他们靠自己的努力赚钱。"

显然，莱斯特不会同意舍曼的说法。幸好我们现在能自己做主了。2012年12月10日，我们在网上发起了名为"莱斯特的时代来临了"的众筹项目。第一个星期，我们的进展很慢，只募集到了1万美元，而莱斯特的目标是3.9万美元，达到这个数目才能够支付专辑的制作费用以及乐队成员的报酬，还有各种奖品，比如T恤衫、签名牛脖铃等。后来才发现是因为我忘了把众筹预告片放到YouTube上，而是只放到了不方便用户分享的Kickstarter上。这都怪我。纠正这个失误之后，预告片视频在社交网站上迅速传播，我们一天之内就筹到了1.8万美元。社交网站的沸腾引起了博客作者们的注意。他们报道了莱斯特的故事，而这一举动也最终帮我们联系到了一位想为美国有线电视新闻网（CNN）网站写报道的记者。当他的文章登上CNN网站的首页时，我们距最终的众筹目标还差5 000美元。平安夜那天的大部分时间里，这篇文章都一直挂在页面上，全世界都看到了微笑着的迪伦和莱斯特。

第二天早上，这对父子接受了 **CNN** 公司《起点》（*Starting Point*）节目的采访。这下火了。不过那个采访做得有点过了，说得太夸张。

这个项目结束的时候，我们已经翻倍完成了目标，除去一小部分支付给 **Kickstarter** 和信用卡公司的费用之外，莱斯特还有 **6.108 4** 万美元用来制作专辑和回报粉丝。这一次，所有的利润都归他自己。我终于能很自豪地说："莱斯特，现在你的时代来临了！"

艺术行业也跟其他的传统行业一样，正在经历巨大的变化，这一切都要归功于开放互联网。曾经，只有少数几个幸运的人能够得到有钱人的赞助，然后去从事艺术工作。但如今不同了，有了社交网络，任何有好创意、能上网的艺术家都能够安心创作并对自己的作品进行宣传，然后从中获得收益。

如今，仍有一些人极力想保护已经不合时宜的旧商业模式，但时代的天平已经向最新从互联网汲取到力量的艺术家倾斜了，这种转变必然会令原来扮演守门人角色的人感到不舒服，甚至害怕。这通常是一种积极的信号，因为我们正是在这种情况下才能够享受到喜剧演员的表演、漫画家的作品和音乐家的专辑，不然他们根本没有机会向别人分享自己的才华。最重要的是，目前我提到的所有事情都已经在过去的10年内发生了。这只是开始。我们会在哪里发现下一个扎克·安纳呢？而下一个扎克·韦纳史密斯又去哪里为自己的漫画寻找读者呢？还有下一个莱斯特·钱伯斯从哪里才能拿到自己应得报酬的余款呢？我的钱都在开放的互联网上。

WITHOUT THEIR PERMISSION

结语

无须等待，致2025年的毕业生

告诉大家一个好消息！

——休伯特·法恩斯沃思教授[①]

未来的问题在于，它是没有任何保障的。

我一直在考虑怎么更好地描述出我对2025年的展望，但是所有的想法都觉得有点牵强，直到有一天，本书才华横溢的编辑建议我把这些内容写成一篇针对2025年大学毕业生的毕业典礼演讲稿。现在看来，我想要给大学生做毕业演讲是有点狂妄，不过没关系——在写了前文那些积极乐观的内容之后，我觉得有必要让大家看看，如果接下来的十多年里我们什么也不做，将会发生什么事。

尽管现在只是5月中旬，但夏天的热浪已经令人感到窒息了。亚历克西斯·奥海涅缓缓地走上讲台。他身穿一件颜色单调的灰色工作服，不过在这个创造力遭到扼杀的时代，这看起来已经很时尚了。他擦了擦额头的汗水，又清了清喉咙，说道：

亲爱的2025年毕业生们，我欠你们一个道歉。互联网是这个世界上最

① 美国漫画及同名动画片《飞出个未来》（*Futurama*）中的人物，160多岁的疯狂科学家。通常当他说“好消息”时，就意味着有危险了。

伟大的创新之一，但我们却把它给搞砸了。我真的非常抱歉。另外，我也对气候变化感到非常遗憾。但思维方式决定了一切。我的意思是说，我们真的愿意看到现在东海岸那些裸露出来的海床吗？还有，谁又真的喜欢北极熊呢？

提到互联网，2012 年我们曾做出过反抗，并从中获得了奋勇前进的力量，那时候我们本来有一个机会可以告诉那些政客们，让他们知道互联网自由对于他们的每一位选民有多么重要。不论你听到过或读到过什么，当时那一切都不仅仅是硅谷以及全美各地欣欣向荣的创业公司的事，而是关乎所有美国人。

我希望你在历史书上读到过，有关当时硅谷和所有前景光明的创业公司的情况。我们科技行业是当时为数不多的几个正在招聘的行业之一；事实上，我们非常缺人。甚至你们中有些同学的父母都经历过那个时候。天哪……嗯……考虑到你们毕业之后即将进入当前这样一个经济低迷的社会，我觉得你们现在大概不想听到这些话吧。那时候，软件正在吞噬世界，同时也创造了大量就业岗位和创新发明，直到后来保护米老鼠的重要性超过了对自由市场的保护。[①]不过，至少我们还能看 3D 版的《速度与激情 13》。不过说真的，难道他们现在还把 3D 技术当成什么了不起的大事吗？

总之，无论你在哪儿上大学甚至有没有上大学，那时候我们的确正处于走向开放互联网的重大创新边缘。想象一下吧，你可以师从全世界最好的老师。不管任何时候，只要你愿意就能免费学习他们的课程。那时候这样的事的确正在发生。非营利组织和商业机构一样，都在利用互联网为所有人设计更好的受教育方式。看起来，让所有美国人都能普遍使用互联网

① 暗示以好莱坞为代表的娱乐行业对互联网的攻击。——译者注

正在变成政治家们优先考虑的工作。我曾经能直视着一个人的眼睛说，如果他想学习编程然后成为一名程序员或者创建下一个 reddit，那么他只要立刻上网开始行动就行了。史蒂夫·霍夫曼和我当初就是这么做的，然后我们创建了 reddit 和 hipmunk。没有人能阻挡你。

但是今天我不能这么说了。更糟糕的是，目前学费已经上涨到足以令你们中的大多数人深陷债务之中了吧。当你把学位帽扔到空中的时候，千万别忘了这一点。或者别扔帽子——其实我又想了想，我觉得你们现在可能连扔学位帽都不被允许了。

不过，即便没什么特别有意义的工作等着你们去做，也别担心！失业的好处之一就是你有大把自由的时间，可以在你父母家的地下室里上一个叫作 GoogleVerizonComcastNet 的网站。[①] 以前我们的确拥有过一个可以自由竞争的市场，互联网的存在也令世界变得更平了，网上所有的链接都是被平等地创造出来的，没有阶层和级别之分。那时我们都把互联网看成是一种公共基础设施——现在看来那可真是老古董了。当然，今天我们大多数人所能使用的唯一搜索引擎却总是在搜索结果的首页推送广告。

假如你发现自己很好奇以前的生活是什么样的，那就对着 Gmail 发火吧。谷歌差不多有 10 年不能更新了，因为没必要更新——现在再也没有可以与之抗衡的创业公司了，因为谷歌作为巨头轻易地就能屏蔽竞争对手的网站，或者干脆把它们困在没完没了的诉讼中。

此刻，我在听众中看到有人投来异样的眼光。是的，过去像你们这样

① 这是作者杜撰出来的一个网站，名字由当今的一些著名的科技公司名称组合而成，暗讽 2025 年时对开放互联网的扼杀导致了自由竞争市场的消失，只剩下这样一个巨无霸式的科技垄断企业。Google 是互联网公司，Verizon 是美国最大的通信运营商，Comcast 是美国一家主要的有线电视宽带网络及 IP 电话服务供应商。——译者注

聪明的年轻人曾经不停地在创造新东西，其中有些项目最后促使他们走上了创业之路——那些光彩夺目的新鲜事物把世界变得更美好了。

我想我现在已经暴露了自己的真实年龄。

就在今天早上，我的Dropbox[①]里收到了一封来自联邦政府的礼貌通知，对方正在调查我保存在那里的一张“可疑的”家庭度假照片。我当然没做错什么，但他们只是让我知道，他们正在对我的Dropbox进行一个快速检索。好歹他们还发了个通知呢，对吧？不管你信不信，历史上曾经有那么一段时期，我们把自己的数字资料看得跟现实中的真实资产一样，两者都属于个人隐私。想进我家来搜查？可以，先出示搜查令；要检索我的Dropbox也是一样。但那都是过去了……

如今，政府不需要什么程序就能读我们的邮件或者搜索之前的任何私人通信服务，因为他们判定《第一修正案》只能适用于物理邮件。嘿，还记得我们曾经去邮局寄信并在家里准备一个邮箱用于收信吗？去问你的父母，他们知道。

说真的，人们一度认为数字隐私跟现实生活中的隐私是一样的。那种理念对于现在的你们来说可能很过时了，但是我在你们这么大的时候，如果有人非法打开我的邮件，那么他少不了要挨我一记勾拳。

我知道这么说显得很没教养，不过在2012年1月18日之后不久，我们的政府似乎在问责方面遭遇了全新的考验。国会的支持率很糟糕——比结肠镜检查还要糟糕，[②]而互联网公民意识到网络可以赋予他们战胜最

① 面向用户的云存储软件。——译者注

② 其实结肠镜检查拯救了很多人的生命 。如果你的年龄超过了50岁，那么就应该跟你的医生讨论一下这种能救命的癌症检测方式了。

有钱、最势力稳固的政治游说组织的力量。我们给那些国会议员们都设置了快捷键。他们一有做得不好的地方，我们就打电话检查并纠正他们，甚至炒他们鱿鱼。难道我们不应该知道他们正在做什么吗？社交媒体让我们能在前所未有的程度上了解陌生人的日常生活，同样也让我们觉得有权利知道自己选出来的这些官员们都在做些什么，也让我们有能力去督促他们负起责任来。我们甚至在这个过程中发掘出一些更好的政治家，因为他们的注意力开始更多地放在他们的选民身上，而不是放在最大的竞选赞助人身上。

那时候，我的第一本书刚刚完成，我也真的以为我们就快做出正确的决定了。作为一个平台，开放互联网曾经体现了这个国家的最高理想。我们的互联网充满了真正的创新精神、创业精神、人与人彼此互助的精神，以及时刻保持连通的自由，还有你们所不拥有的隐私权。我们本可以成为这个世界的楷模，但事与愿违。朋友们，这一切全是我们的错。

现在，我们还得去赶飞上海的航班。非常可惜，我不得不把自己的公司搬到那儿去，不过那里的科学技术、工程水平还有数学人才，的确能使我更容易做商业决策。这令我很伤心，因为我不仅深爱自己的国家，也深爱创新和创业自由，正是后者激励着当时的我们不停奋进。

我真的很抱歉。我们原本有一个非常好的机会，却还是失败了，以至于现在要由你们这些未来的花朵来承担这个后果。然而更讽刺的不是我的失败，而是我们让这一切发生却未经过你们的同意。

呀！那可真是一个糟糕的结尾。我再来试试别的方式……

下面，我来谈一谈怎样才能做得更好吧！

我们不仅取得了保护开放互联网的胜利，还推动了鼓励创新和自由获取网络资源的改革。毕竟，美国公众已经可以响亮而清晰地表达他们对互联网自由的支持。我的朋友埃里克·马丁和我一起在“互联网 2012 巴士之旅”的时候亲眼见证了这一点。那天早上，在密苏里州里士满的郊外，我们正在享受农场主汤姆·帕克（Tom Parker）及其家人为我们准备的早餐。帕克从事美国最古老的农业之一。他坦承自己每周收三次邮件。而对于我这个住在布鲁克林的极客来说，每小时收三次邮件都还不够呢。不过，互联网经济已经在显著地改变着帕克一家的生计。现在，有超过 90% 的客户是通过互联网联系到他的，这都要归功于一家名叫 AgLocal 的堪萨斯州的创业公司。当时我可能已经吃了两份美味的鸡蛋了，但就在那个农场，听着远处传来的哞哞的牛叫声，我忽然意识到互联网就是这样发挥作用的。汤姆·帕克也明白：“只有在互联网上分享信息的成本非常低的时候，才有可能把家庭农业放到一个公平竞争的市场上。”我们需要确保帕克支持的议员也能明白这个道理。

这就是我们举办这次巴士之旅的原因，同时也是我的朋友尼姆博特（NimbleBot）把这次旅行制作成纪录片《硅草原：美国新型互联网经济》的原因。这部影片也激励了世界上其他地方的人们为实现当地的互联网自由去做同样的事情。我们在华盛顿新闻博物馆一个狭小的房间里播放了这部纪录片，当时在场的 4 名国会议员（民主党和共和党代表各两名）都赞扬了这部影片及其所代表的含义。不用说，这意味着进步。无论我们是否担心大政府或者大商业机构，都不能让它们中的任何一个摧毁人类最伟大的创新。

尽管少数人会尽最大努力去扼杀属于多数人的自由，我们也仍将战胜错误信息。我们的责任就是去教育每一位我们选出来的官员。如果政府做出的不幸决定确认知识产权等同于实际财产，而且为抹除两者的区别而实施严格的惩罚措施，那么大部分的在线演讲都将成为对知识产权法律的侵犯。复制一份数字文件，比如一张汽车的照片，算不上盗窃，因为原始图片没有受任何影响，只不过有了两张一模一样的照片；而偷一辆汽车则是盗窃，因为原来的汽车不在了。大家请看下面这张手绘图片：

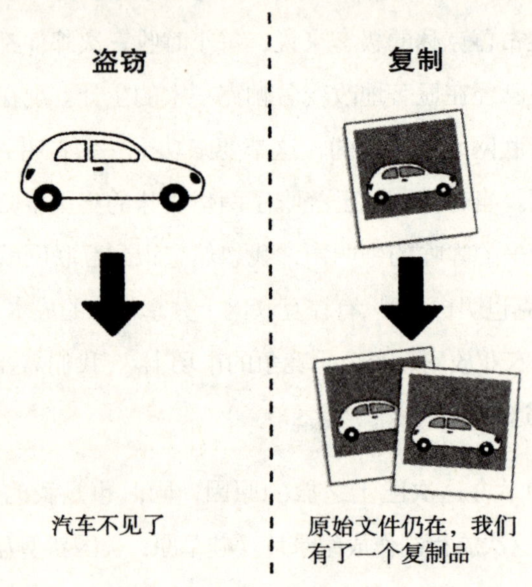

我们可以上网的电脑实际上是一台复制机器，所以我们才能看到互联网上的精彩内容。此外并没有另外可行的技术性选择，因为这是互联网平台的天性。这种自由是开放互联网与生俱来的，它可以赋予我们力量——史蒂夫和我、查尔斯·贝斯特、黛比·瓜尔迪诺、扎克·安纳、扎克·韦纳史密斯、莱斯特·钱伯斯以及这个世界上的无数其他人，都是依靠这种力量才得以成功的。如果时光倒退 10 年，我们中没有一个人可以做到那些事。想一想短短 10 年左右的时间，互联网自由起到了多么重大的作用。

创新就是以这么快的速度在互联网上进行传播的，不止对于创业公司而言是这样，对于艺术、行动主义、慈善和政治等其他领域也是如此，就像我在前面所展示的那些人和事一样。各行各业都在被颠覆，因为软件正在吞噬世界，随之而来的结果就是自由以及一个没有层级的互联网。这也是消除数字鸿沟为什么这么重要的原因——消除的手段一半靠接入互联网，一半靠教育，两者对于我们的国家和互联网的健康发展来说都同样关键。

高质量的互联网连接是一种公共设施，无论人们有多少钱或者在哪里生活，都应该可以使用这种公共设施。如果我们相信每位美国公民都有权用电，那么我们为什么要对人类最大规模的全方位信息流动进行限制呢？

互联网诞生于美国两台电脑之间的一次通话，一台位于加州大学洛杉矶分校，另一台位于加州门洛帕克（Menlo Park）。直到今天，“仍然有1 900 万美国人住在乡村，花多少钱都不能获得高速互联网服务，因为那里根本没有网络设施。而对于1/3 的美国人来说，网络服务的价格仍然太贵了。”这是律师和技术专家苏珊·克劳福德（Susan Crawford）所做研究里的内容。她做了大量的工作，目的就是要把这个事实呈现出来，同时让我们知道我们应该采取行动把互联网自由带给任何值得拥有它的人。21 世纪的美国儿童不应该再去麦当劳做作业了，但实际上他们还会在麦当劳做这件事。

美国如今正把全世界都引领至互联网行业，然而自身在很多其他行业并不占主导地位。那么，我们应该怎样继续保持我们的竞争优势呢？

“我们认为下面这些真理是不言而喻的：人人生而平等。”这是托马斯·杰斐逊在《独立宣言》中的话，我在第2 章时曾经提到。平等仍然是一个我们正在努力争取的理想，但它真真切切地密封在互联网技术之中。这些话理所当然地被马丁·路德·金的演讲《我有一个梦想》所引用。该演讲本身就是一个光辉灿烂的综合型乐章，取材于《圣经》、《葛底斯堡演说》、爱国歌曲《我的祖国属于你》(*My Country, "Tis of Thee"*)，甚至还有莎士比亚。它无疑是美国19世纪以来最伟大的演讲，但同样也在版权保护之下，所以你要想看的话就得付费。

起初，美国版权的保护期限只有14年。这也远远超出了我们的开国元勋最初所设想的时间。多亏了娱乐行业的说客们，版权保护期限被延长至作者一生及其去世后至少70年。[①]而娱乐行业是在互联网出现前几十年的时候做的这项工作，那时候根本没有人反对这项糟糕的立法。杰斐逊甚至曾经提出要在《权利法案》里为版权期限加一个明确的限制。[②]即使在那个年代，托马斯·杰佛逊也意识到，最大限度地保持信息的自由流动性有多么重要。如果他的修正被写到最后的草稿里，那么我们现在就能随心所欲地看马丁·路德·金的历史性演讲了。但是现在，我们仍然在努力抗争，不仅仅是为了推动合理的版权改革，还为了在那些伟大创意被扼杀之前就把它们培育成熟。

这本书的完成要归功于开放互联网。第1~3章是我自己成功创业的故事，但同样的故事还有很多。我可以在自己的下一本书中用整整一章的篇幅来写你的故事。[③]创业不易，你需要掌握更多技能、辛劳工作，还得交上好运，不过在最初的时候你就只需要一台电脑、网络以及时间。

---

① 这可能是一个令人震惊的消息，但1998年的《松尼波诺著作权期限延长法案》(*Sonny Bono Copyright Term Extension Act*)就是这么规定的。

② 他是这么写的："垄断或许可以在个人为自己的文学作品或艺术创作主张所有权存续期限时存在，时间可以是几年，但不能出于其他目的。

③ 如果你在看了这本书之后就一直在坚持自己的创业之路，请给我发邮件，这样我就能把你的故事写出来告诉更多的人。

令人伤心的是，仍然有很多人不能使用互联网，即使可以接入网络，也没有掌握相关的使用技巧。这本书不能给你提供互联网服务，于是我写了第 4~5 章的内容，因为我希望帮你省钱，不用去读 MBA 了。相比之下，阅读要便宜得多。[①]除此之外，你在线上或线下的社区里还能找到更多的学习途径。自开天辟地以来，我们人类就一直为达到学习和信息分享的目的而建立连接。无论你是正在学习如何设计自己的第一个 Android 应用，还是正在分享关于“暮光闪闪”（Twilight Sparkle）[②]的信息，互联网都能让你效率倍增。我每天都能遇到希望利用互联网来追寻自己梦想或改善自己生活的人，但这样的人还不够多。

顺便说一下，创业精神并非只适用于创业者。本书的第 6~7 章就是证明。查尔斯·贝斯特、黛比·瓜尔迪诺、扎克·安纳、扎克·韦纳史密斯、莱斯特·钱伯斯以及无数支持开放互联网的其他人，都不会被看作传统意义上的创业者，但他们无疑是非常具有创业精神的。他们之所以获得成功是因为他们会利用这个伟大的均衡器——也就是开放互联网，来传播自己的想法，寻找自己的受众，并最终突破了传统的藩篱。

开放互联网不是神奇的魔杖，但作为一门技术，它拥有成就惊人事业的潜能——才华出众的人可以借助它把自己的全部能力释放出来。作为这个平台上的创业者和用户，最终激发出它的全部潜能是我们义不容辞的责任。当我们睁开眼睛展望未来时，请不要忘了当今社会的包袱也跟我们一起转移到了网络上。尽管互联网技术本身可以让世界变平，所有链接也都被平等地创建，但我们生活的现实世界还存在很多不平等。我有很多现在已经变成“名人”的同行们，他们都是在互联网初期开始创业的，其中大

① 如果你买这本书的钱超过了五位数，那赶紧去举报诈骗吧。

② 《彩虹小马》的主角。如果你以前不知道，那么现在就算知道了。

部分都是年轻的白种人。不过，这个世界上并非都是白种人——事实上，其他肤色的人还多着呢。互联网技术最让我感到激动的一点就是它进行知识普及和传播的方式，但只有当我们所有人都能使用互联网及其相关技能时，网络系统的潜能才会全部被激发出来。

总而言之，无须别人同意即可开始实践自己的创意，或者帮助那些同样想创业的人，不过这还远远不够。就像互联网本身一样，我们联合起来之后远远比各自独立时更强大。我们现在还没有百分之百地发挥出各自的力量来，不过每天都会朝这个目标更近一步，这都要归功于所有个体和组织的共同努力。想想看，世界上还有那么多优秀的人无法施展自己的才华，只因为他们一生下来就不能跟别人享受同等的条件。这个现实始终激励着我还有更多的人不停地为建立开放互联网而努力，只是为了世界上出现更好的商业、更好的公益组织、更好的艺术家和更好的活动家，当然还有更好的政治家。唯有如此，真正的英雄才可能有用武之地。

请牢记，这仅仅是开始。我所写到的这些只发生在过去短短10年的时间里，鉴于互联网创新速度之快，这10年也不过是转瞬之间。所以，想象一下，接下来的10年将会发生什么吧。每个生长在互联网时代并且可以熟练使用这一技术的孩子，都有可能是下一个创业者，下一个艺术家、活动家，或者下一个慈善家……我也不知道，不过这就是未来：我可以看着他的眼睛告诉他，你不需要其他人同意就能学习新闻出版或者发行摄影集，也可以发起一个维修操场的集会，或者开始酝酿下一个大事件。当然，没有一件事容易办到，但我肯定自己不会变成那个去告诉他什么能做、什么不能做的人。

这么说吧：如果工业革命改变了世界，那么当前由软件和互联网驱动的革命也注定会达到同样的效果，而且方式更加民主。这次你不用去开办一家工厂，只需打开笔记本电脑即可。

我希望你坚信这一点。更重要的是，我相信你会怀着这份信念去做改善世界的事。请把这些话传播出去，也把这本书给那些有需要的人看，并且创造出人们喜欢的产品来。

时不我待！

你还在等待什么？

WITHOUT
THEIR
PERMISSION

译者后记

亚历克西斯·奥海涅是一个似曾相识的名字，有点熟悉，又有点陌生。直到有机会翻译这本书，我才从另一个维度重新认识了他以及他所处的时代，并再一次被他深深地感动和激励。我和他处于同一个时代，你也是。正如狄更斯所说："这是一个最好的时代，也是一个最坏的时代。"我们有幸一起生活在一个矛盾的大时代里。

2009年底，我还没从学校毕业，找到的第一份实习工作就是科技媒体，那时正值互联网技术和科技创业的黄金时期——至少对于美国来说是这样，各种各样的网站和应用层出不穷，国内的科技创业圈也处于跃跃欲试的躁动期，间或也有令人耳目一新的产品出现。在误打误撞从事这份工作之前，我基本上是一个科技白痴。但我很快就爱上了这个充满无限可能性的迷人领域，并把它当成自己可能要穷尽一生去挖掘的宝藏。我热衷于寻找那些又酷、又有趣同时还有点追求的互联网新鲜玩意儿，有的在当时看来一文不值，有的好像毫无用处，有的甚至完全让人摸不着头脑。我生怕错过任何一家伟大的、可以引领下一波风潮的创业公司，说不定一不小心，下一个Facebook或者Twitter就从眼皮底下溜走了。

时光如梭，科技创业圈里风起云涌，大浪淘沙。大部分创业公司都像流星一闪而过，存活下来的也只是极少数。

2010 年，一款名叫 Rockmelt 的社交浏览器横空出世，创建者是网景（Netscape）浏览器的联合创始人马克·安德森，他也是目前硅谷知名的投资人。Rockmelt 的初衷是围绕社交和搜索等人们常用的功能再造一个新型浏览器。它试图将所有重要信息和常用服务通过网页窗格和下拉窗口整合到一起，用户不必在不同网站间进行切换。这个想法在当时看来很有潜力，一时间好评如潮。但 Rockmelt 只是昙花一现，除了创始人之外，现在谁还知道它是否存在呢？后来很多浏览器与 Rockmelt 有一样的设计理念和功能，只不过 Rockmelt 作为一种创新产品在独立性上还是太弱，而且技术方面也没什么门槛。

2011 年，IFTTT 以一个非常奇葩的应用形象出现，没有人知道它到底是干嘛的。IFTTT 是"If This Then That"的缩写，它其实是一个条件触发器，意思就是"如果这种情况出现了，就做那样的反应"。我想我大概是最早把 IFTTT 的新闻翻译成中文的科技编辑。但 IFTTT 出现之后一度沉寂，仅在极小的极客圈子里流行，成为一个小众工具。毕竟那个时候的 Twitter 还在为不知道如何使用自己网站上的海量数据而发愁，时不时还得应付由此造成的服务器压力。我以为这又是一个短命鬼，然而事实正好相反，IFTTT 表现出了顽强的生命力，它周围的环境也今非昔比——如今，Siri、Google Now、微软小冰等个人智能助理类应用大行其道，再加上各种可穿戴设备、智能家居层出不穷，甚至连 Yo 这种只能发一个单词的社交应用都能迅速走红。IFTTT 终于等来了大有可为的广阔天地。这个曾经的小众应用正被越来越多的人关注，前不久新浪微博也开始尝试与它进行合作。

像 Facebook 和 Twitter 这类应用不常有，但 Rockmelt 和 IFTTT 等类似应用却比比皆是。虽然它们只不过是浩瀚互联网世界里的沧海一粟，但在改变人们的生活方面却发挥着独一无二的作用——毋庸置疑，我们的生活被无数个这样或成功、或失败的产品改变着。作者在本书中描述的就是这样一个伟大的时代，甚至连空气中都充满了各种可能性。

纵观人类历史，几次大的标志性技术革命的出现——从印刷术到电话、到电视、再到互联网，都伴随着人们改善自身命运的愿望，特别是对自由和平等的强烈渴望。人们从这些新技术身上看到了美好未来的影子，尤其对互联网技术寄予厚望。这项技术与生俱来的自由、分享、去中心化和平等特性，决定了它本身将会沿着人类无法左右的轨迹发展，也将给人类生活带来前所未有的影响。正是互联网技术本身导致了这样一个伟大时代的降临。奥海涅先生创办的 reddit 就是在这个时代里取得了成功。他在书中多次提到，如果没有开放的互联网，他就不可能成功，无数像他一样的创业者也不可能成功，甚至连改变命运的机会都没有。互联网的确打开了一扇窗，好的技术在某种程度上的确能够让人自由。如果谁试图破坏或者压制互联网的这种天性，势必会引来抗议。当今世界的守门人，你们真的已经不属于这个时代了！对于我们来说，这是最好的时代；对于你们来说，这是最坏的时代。

最后，感谢我的先生马贺亮在我最困难的时候给予我的宽容和支持，还要感谢李琛、李静、常宁、李伟然对我的翻译工作给予的无私帮助。没有你们，就没有我的现在。

湛庐，与思想有关……

如何阅读商业图书

商业图书与其他类型的图书，由于阅读目的和方式的不同，因此有其特定的阅读原则和阅读方法，先从一本书开始尝试，再熟练应用。

阅读原则1 二八原则

对商业图书来说，80%的精华价值可能仅占20%的页码。要根据自己的阅读能力，进行阅读时间的分配。

阅读原则2 集中优势精力原则

在一个特定的时间段内，集中突破20%的精华内容。也可以在一个时间段内，集中攻克一个主题的阅读。

阅读原则3 递进原则

高效率的阅读并不一定要按照页码顺序展开，可以挑选自己感兴趣的部分阅读，再从兴趣点扩展到其他部分。阅读商业图书切忌贪多，从一个小主题开始，先培养自己的阅读能力，了解文字风格、观点阐述以及案例描述的方法，目的在于对方法的掌握，这才是最重要的。

阅读原则4 好为人师原则

在朋友圈中主导、控制话题，引导话题向自己设计的方向去发展，可以让读书收获更加扎实、实用、有效。

阅读方法与阅读习惯的养成

（1）回想。阅读商业图书常常不会一口气读完，第二次拿起书时，至少用15分钟回想上次阅读的内容，不要翻看，实在想不起来再翻看。严格训练自己，一定要回想，坚持50次，会逐渐养成习惯。

（2）做笔记。不要试图让笔记具有很强的逻辑性和系统性，不需要有深刻的见解和思想，只要是文字，就是对大脑的锻炼。在空白处多写多画，随笔、符号、涂色、书签、便签、折页，甚至拆书都可以。

（3）读后感和PPT。坚持写读后感可以大幅度提高阅读能力，做PPT可以提高逻辑分析能力。从写读后感开始，写上5篇以后，再尝试做PPT。连续做上5个PPT，再重复写三次读后感。如此坚持，阅读能力将会大幅度提高。

（4）思想的超越。要养成上述阅读习惯，通常需要6个月的严格训练，至少完成4本书的阅读。你会慢慢发现，自己的思想开始跳脱出来，开始有了超越作者的感觉。比拟作者、超越作者、试图凌驾于作者之上思考问题，是阅读能力提高的必然结果。

好的方法其实很简单，难就难在执行。需要毅力、执著、长期的坚持，从而养成习惯。用心学习，就会得到心的改变、思想的改变。阅读，与思想有关。

[特别感谢：营销及销售行为专家 孙路弘 智慧支持！]

我们出版的所有图书，封底和前勒口都有“湛庐文化”的标志

并归于两个品牌

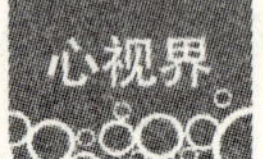

找“小红帽”

为了便于读者在浩如烟海的书架陈列中清楚地找到湛庐，我们在每本图书的封面左上角，以及书脊上部47mm处，以红色作为标记——称之为**“小红帽”**。同时，封面左上角标记**“湛庐文化Slogan”**，书脊上标记**“湛庐文化Logo”**，且下方标注图书所属品牌。

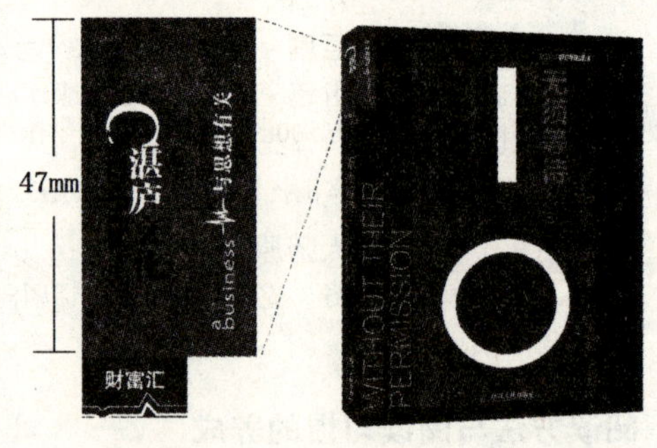

湛庐文化主力打造两个品牌：**财富汇**，致力于为商界人士提供国内外优秀的经济管理类图书；**心视界**，旨在通过心理学大师、心灵导师的专业指导为读者提供改善生活和心境的通路。

阅读的最大成本

读者在选购图书的时候，往往把成本支出的焦点放在书价上，其实不然。

时间才是读者付出的最大阅读成本。

阅读的时间成本=选择花费的时间+阅读花费的时间+误读浪费的时间

湛庐希望成为一个“与思想有关”的组织，成为中国与世界思想交汇的聚集地。通过我们的工作和努力，潜移默化地改变中国人、商业组织的思维方式，与世界先进的理念接轨，帮助国内的企业和经理人，融入世界，这是我们的使命和价值。

我们知道，这项工作就像跑马拉松，是极其漫长和艰苦的。但是我们有决心和毅力去不断推动，在朝着我们目标前进的道路上，所有人都是同行者和推动者。希望更多的专家、学者、读者一起来加入我们的队伍，在当下改变未来。

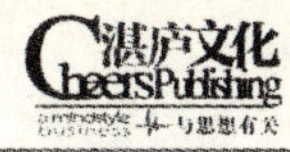

湛庐文化获奖书目

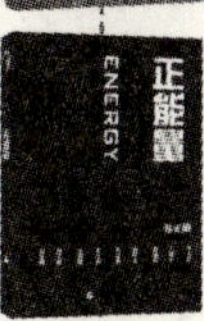

《大数据时代》

国家图书馆“第九届文津奖”十本获奖图书之一
CCTV“2013中国好书”25本获奖图书之一
《光明日报》2013年度《光明书榜》入选图书
《第一财经日报》2013年第一财经金融价值榜“推荐财经图书奖”
2013年度和讯华文财经图书大奖
2013亚马逊年度图书排行榜经济管理类图书榜首
《中国企业家》年度好书经管类TOP10
《创业家》“5年来最值得创业者读的10本书”
《商学院》“2013经理人阅读趣味年报·科技和社会发展趋势类最受关注图书”
《中国新闻出版报》2013年度好书20本之一
2013百道网·中国好书榜·财经类TOP100榜首
2013蓝狮子·腾讯文学十大最佳商业图书和最受欢迎的数字阅读出版物
2013京东经管图书年度畅销榜上榜图书，综合排名第一，经济类榜榜首

《爱哭鬼小隼》

国家图书馆“第九届文津奖”十本获奖图书之一
《新京报》“2013年度童书”
《中国教育报》“2013年度教师推荐的10大童书”
新阅读研究所“2013年度最佳童书”

《牛奶可乐经济学》

国家图书馆“第四届文津奖”十本获奖图书之一
搜狐、《第一财经日报》2008年十本最佳商业图书

《影响力》（经典版）

《商学院》“2013经理人阅读趣味年报·心理学和行为科学类最受关注图书”
2013亚马逊年度图书分类榜心理励志图书第八名
《财富》鼎力推荐的75本商业必读书之一

《影响力》（教材版）

《创业家》“5年来最值得创业者读的10本书”

《大而不倒》

《金融时报》·高盛2010年度最佳商业图书入选作品
美国《外交政策》杂志评选的全球思想家正在阅读的20本书之一
蓝狮子·新浪2010年度十大最佳商业图书，《智囊悦读》2010年度十大最具价值经管图书

《第一大亨》

普利策传记奖，美国国家图书奖
2013中国好书榜·财经类TOP100

《卡普新生儿安抚法》（最快乐的宝宝1·0~1岁）

2013新浪“养育有道”年度论坛养育类图书推荐奖

《正能量》

《新智囊》2012年经管类十大图书，京东2012好书榜年度新书

《认知盈余》

《商学院》“2013经理人阅读趣味年报·科技和社会发展趋势类最受关注图书”
2011年度和讯华文财经图书大奖

《神话的力量》

《心理月刊》2011年度最佳图书奖

《真实的幸福》

《职场》2010年度最具阅读价值的10本职场书籍

延伸阅读

《YC创业营》

◎ 首度揭秘硅谷最著名的创业孵化器 Y Combinator。顶级投资人的甄选秘籍，草根创业者的指导手册。

◎《纽约时报》“数字领域”专栏作家，畅销书《硅谷教父》、《谷歌星球》和《洛园的巫师》作者兰德尔·斯特罗斯获准进入 Y Combinator 及其创业公司全程跟踪批量投资项目的第一人。

◎ 海尔集团董事局主席、首席执行官张瑞敏鼎力推荐；硅谷著名天使投资人、Google 和 Facebook 早期投资人罗恩·康韦；Twitter 早期投资人、Charles River Ventures 投资公司合伙人乔治·扎卡里；网景公司联合创始人马克·安德森；《纽约时报》畅销书《精益创业》作者埃里克·莱斯联袂推荐！

《孵化 Twitter》

◎ 国内首部源自真实采访的 Twitter 成长史，中英文版零时差同步上市！这是一部被 Twitter 公司拒绝正式授权的作品，这是一个关于金钱、权力、友谊和背叛的真实故事。

◎ 由《纽约时报》最受欢迎的科技和商业专栏作家尼克·比尔顿亲自执笔，源自对 Twitter 四位创始人和高管的几百小时采访，参阅一千多份从未披露的内部文件。

◎ 本书英文版在 Twitter 上市前夕 11 月 5 日一经推出，就登上各大销售商的排行榜榜首。

《翻转课堂的可汗学院》

◎ 从远程指导表妹数学，到拥有 163.3 万订阅者的在线学习网站创始人，互联网时代的教育改革家萨尔曼·可汗于 2010 年入选《财富》“全球 40 大青年才俊榜”，2012 年入选《时代周刊》“100 位最具影响力人物”。

◎ 可汗的头号粉丝比尔·盖茨为何表示“我认为你预见了教育的未来”？谷歌为何从 150 000 个投资方案中选出了可汗学院，并将其翻译为世界上最常用的 10 种语言？可汗学院的教学理念究竟缘何脱颖而出，成为颠覆传统课堂教学的先锋力量？

《翻转世界》

◎ 一本走在时代前沿的书，它教你如何适应科技与数码产品日新月异的发展，如何在这样的时代中拔得头筹。

◎ 作者尼克·比尔顿是《纽约时报》科技和商业版专栏作家，曾任《纽约时报》研究与发展实验室研究员，他的专业性使得他对当前科技发展动态的分析十分精准，值得认真研读。

图书在版编目（CIP）数据

无须等待：YC 合伙人的创业课 /（美）奥海涅著；李芳译．—杭州：浙江人民出版社，2015.1

ISBN 978-7-213-06402-9

Ⅰ.①无… Ⅱ.①奥… ②李… Ⅲ.①企业管理 Ⅳ.①F270

中国版本图书馆 CIP 数据核字（2014）第 261042 号

浙江省版权局
著作权合同登记章
图字:11-2014-238 号

上架指导：创业 / 企业管理

无须等待：YC合伙人的创业课

作　　者：[美] 亚历克西斯·奥海涅　著
译　　者：李　芳　译
出版发行：浙江人民出版社（杭州体育场路347号　邮编　310006）
　　　　　市场部电话：（0571）85061682　85176516
集团网址：浙江出版联合集团　http://www.zjcb.com
责任编辑：金　纪
责任校对：朱　妍
印　　刷：藁城市京瑞印刷有限公司
开　　本：720 mm × 965 mm 1/16　　印　　张：13.25
字　　数：15.2 万　　插　　页：3
版　　次：2015 年 1 月第 1 版　　印　　次：2015 年 1 月第 1 次印刷
书　　号：ISBN 978-7-213-06402-9
定　　价：42.90 元

如发现印装质量问题，影响阅读，请与市场部联系调换。